DIE MAGIE UND KRAFT DER GEDANKEN

REZEPTE FÜR ERFOLG, GLÜCK, KRAFT, RUHE UND INNERE AUSGEGLICHENHEIT

EMPFEHLUNGEN VON SCHUTZGEISTERN UND ANDEREN JENSEITIGEN HELFERN

VON

MELISSA UND ANDRÉ BÓNYA

Weitere Bücher der Autoren:

Schutzgeistkontakte leicht gemacht - ein praktischer Ratgeber für alle Fälle. (Bohmeier Verlag 1997)

Das Schutzgeister-Traumbuch (Bohmeier Verlag 1998)

Das neue Jahrtausend (Bohmeier Verlag 1998)

Schutz-, Fopp & Poltergeister, sowie andere Erscheinungen und wie man mit ihnen umgeht (Bohmeier Verlag 1996)

Gespräche mit Geistwesen und Schutzgeistern über den TOD - TOD als SELBSTlüge – oder: unser Leben danach. (Bohmeier Verlag 2000)

Ängste erfolgreich besiegen - Zum Ursprung deiner Angst und zurück - Schutzgeister und andere jenseitige Helfer erteilen praktische Ratschläge zur Angstbewältigung. (Bohmeier Verlag 2000)

Gesamtherstellung: Bohmeier Verlag, Printed in Germany

ISBN 3-89094-328-4

DIE MAGIE UND KRAFT DER GEDANKEN

REZEPTE FÜR ERFOLG, GLÜCK, KRAFT, RUHE UND INNERE AUSGEGLICHENHEIT

EMPFEHLUNGEN VON SCHUTZGEISTERN UND ANDEREN JENSEITIGEN HELFERN

VON

MELISSA UND ANDRÉ BÓNYA

AN DIESER STELLE MÖCHTEN WIR UNS WIEDER BEI UNSEREN JENSEITIGEN FREUNDEN BEDANKEN, OHNE DEREN MITARBEIT DIESES BUCH NICHT ENTSTANDEN WÄRE.

UND EIN HERZLICHES DANKESCHÖN AN UNSERE VERLEGERIN...

INHALTSVERZEICHNIS

EINFÜHRUNG

Der Kontakt zu Wesen anderer Dimensionen kann für uns Menschen sehr aufschlussreich sein, weil sie bei jenen bewusst herbeigeführten Kontaktaufnahmen Einblick in deren jenseitiges Reich gewähren und aufklärend von ihrer Daseinsform berichten. Rat Suchende können sehr viele nützliche Tipps erhalten, weil Jenseitige nun einmal über mehr Wissen und Weisheit verfügen als der Mensch in seiner körperlichen Form.

Nachdem wir uns in der Vergangenheit ausführlich mit dem Thema jenseitige Existenzen befasst und zahlreiche Informationen über deren Dimension veröffentlicht hatten, wollten wir uns diesmal ausführlich mit deren anschaulichen Beschreibungen und Ratschlägen befassen, die letztendlich nur das eine Ziel verfolgen: uns Menschen einen Weg anzuzeigen, der uns ein erfüllteres und glücklicheres Leben ermöglichen könnte. So finden Sie in diesem Buch nun zahlreiche Empfehlungen geistiger Führer, die so angelegt sind, dass sie sich mit etwas Übung und Geduld in das Alltagsleben jener integrieren lassen, für die diese Informationen mehr als nur freundliche Weisheiten sind, die man zwar lesen mag, aber danach am besten schnell wieder vergisst.

Für dieses Buch standen uns insgesamt fünf jenseitige Helfer zur Verfügung, unsere beiden persönlichen Schutzgeister und drei andere Jenseitige, die bei dieser Arbeit gerne mitwirken wollten, weil auch sie sich zu Lebzeiten mit Fragen über den Sinn positiver und negativer Gedankengänge beschäftigten und sich ausführlich mit jener Magie befassten, welche durch die bloße Kraft der Gedanken frei gesetzt wird. Sie fanden gefallen daran, wie sie uns versicherten, einen Beitrag zu diesem Buch zu leisten, indem sie uns einen Teil ihres umfangreichen Wissens zur Verfügung stellten. Wir kontakteten diese Wesen auf die für uns gewohnte Weise mittels Channeling und Geistschreiben und fassten alle Informationen von diesen freundlichen Helfern zusammen, welche uns für ein Buch wie dieses geeignet schienen.

So vermochten wir dank der freundlichen Unterstützung wohlwollender Jenseitiger abermals über Erfahrungen und Erkenntnisse zu berichten, welche diese Geistwesen im Verlaufe unzähliger Inkarnationen gesammelt und die sie in ihrer Entwicklung in Richtung Vervollkommnung ihrer Seelen sicherlich einige Stufen weitergebracht haben.

Das, was wir von ihnen erfuhren, steht in direktem Zusammenhang zu unseren Beobachtungen, welche uns oft sehr deutlich bewusst machten, dass die meisten Menschen sich der enormen Kraft ihrer Gedanken leider nicht bewusst sind und dass sie deshalb mit der Wahl ihrer Wünsche (oder manchmal auch mit Verwünschungen, die sie ausstoßen, um anderen Menschen Schaden zuzufügen) allzu sorglos umgehen. In dieser bedauerlichen Tatsache liegen meist die Ursachen ihrer Alltagsprobleme begraben. Sie wissen nicht, was sie mit dieser Sorglosigkeit eigentlich bewirken, dass jeder einzelne Gedanke über eine sehr eigene und machtvolle Energie verfügt und dadurch sehr viel mehr bewirken mag, als es die meisten unserer Mitmenschen üblicherweise annehmen!

So sind oft boshafte oder neidische Gedankengänge für schleichende Krankheiten verantwortlich, die sich nach und nach im Leben des Menschen verstärken und manifestieren, der diese „pflegte". Sie, diese Gedanken sind verantwortlich für Leid, Unglück oder andere Unannehmlichkeiten, die der davon Betroffene dann der Einfachheit halber kurzum als Laune des Schicksals abtut, obwohl er selbst es war, der diese Zustände oder Lebenssituationen herbei geführt, ja sie mit seinen intensiven negativen Gedankenströmen regelrecht in sein Leben „hinein gedacht" hat.

Aber natürlich wird man auch von jenen positiven Gedankengängen erfahren, welche, bei regelmäßiger Anwendung, ebenfalls nach Verwirklichung streben und das Leben auf sehr angenehme Weise bereichern, wenn man ihre unbeschreibliche Macht richtig einzusetzen weiß.

Wie auch immer, unsere geistigen Führer haben viele dieser Situationen auf leicht verständliche Weise erklärt und wie so oft schon zuvor haben wir auch in diesem Buch auf „Fachchinesisch" verzichtet, denn uns ist es wichtig, dass auch der Laie versteht, worauf es ankommt. So werden vielleicht auch Sie auf einen neuen Weg aufmerksam gemacht, der letztendlich dazu dienen könnte, Ihnen zu einem erfüllteren und ruhigeren Leben zu verhelfen - wenn Sie sich nur dazu bereit erklären, die Zusammenhänge zwischen regelmäßig gehegten Gedankengängen und der daraus resultierenden Manifestation unserer Wünsche (im negativen wie im positiven Sinne) zu verstehen!

In Anbetracht der herrschenden Lebensbedingungen, die unübersehbar von Jahr zu Jahr, von Jahrzehnt zu Jahrzehnt mehr und mehr von ungesundem Stress, Zukunfts- oder Lebensängsten begleitet werden, aus denen sich zahlreiche psychische und physische Beschwerden sowie andere Erkrankungen entwickeln, die uns Menschen das Dasein erheblich erschweren, lässt sich folgern, dass wir nicht nur gegen eine falsche Grundeinstellung angehen, sondern auch etwas unternehmen sollten, um diese hektische, außer Kontrolle geratene Entwicklung zu stoppen.

Das Leben der meisten Menschen ist von Sorgen geprägt, die sich um eine ungewisse Zukunft drehen. Deshalb dürften gut gemeinte Ratschläge und sachliche Aufklärung aus der anderen Dimension des Seins, welche Themen wie *Die Kraft der Gedanken richtig nutzbar gemacht*, *Positives Denken zielgerichtet einsetzen*, *Bewusste Kontrolle negativer Gedankengänge* behandeln, eine brauchbare Hilfestellung sein, um das Leben vieler in positive Richtungen zu lenken und zu helfen, jene Angst loszulassen, welche keinen Raum für angenehme, lebensbejahende Ereignisse lässt.

Wir, mein Mann und ich, arbeiten schon seit vielen Jahren mit Jenseitigen und Schutzgeistern zusammen und sind dankbar für jene Hilfen, welche sie uns während dieser Zeit gemeinsamer Arbeit so oft zukommen ließen. Die durchaus positiven Resultate sind aus unserer Sicht betrachtet nicht mehr von der Hand zu weisen. Was wir anfangs noch dem Zufall zuschreiben wollten, weil wir uns manche jener Ereignisse, die wir ganz offensichtlich diesen Wesen zu verdanken hatten, nicht logisch erklären konnten (obwohl wir natürlich schon zu jener Zeit wussten, dass es keine Zufälle gibt, sondern alles auf Ursache und Wirkung beruht), das nehmen wir heute als wertvolles Geschenk entgegen und wir freuen uns darüber, dass viele unserer Mitmenschen sich offen zeigen, wenn wir von den Erlebnissen mit Jenseitigen Berichten, von den Dingen, die sie uns lehren und die wir, ihrem Wunsch gemäß, an jene Menschen weiter geben sollen, die um ihre Existenz wissen.

Wir sind uns nach wie vor sicher, dass selbst heute, in dieser schnelllebigen Zeit, viele ihrer Informationen noch immer „gebrauchsfähig" sind und sich mit etwas Geduld und Übung in die Tat umsetzen lassen, vorausgesetzt, man ist bereit, mit diesen Informationen zu „arbeiten". Wir können Ihnen versichern, dass sich bei regelmäßiger Anwendung viele positive Ergebnisse einstellen werden. Regelrechte Wunder sind allerdings nicht zu erwarten, schon gar nicht, wenn Sie nicht „am Ball" bleiben, wenn Sie nur halbherzig bei der Sache sind. Falls Sie aber zu jener Gruppe von Personen gehören, welche bereit sind, etwas in ihrem Leben zu verändern, wenn sie zielstrebig und mit Ausdauer ans Werk gehen, mit intensiven, konzentrierten Gedanken arbeiten, dann werden sie wieder Zugang zu jenen Kräften erlangen können, welche in jedem von uns schlummern oder vielleicht bisher auch falsch angewandt wurden.

Es ist nie zu spät, dem Leben eine sinnvolle Wende zu geben. Man muss es nur wirklich wollen!

Was nun diese Informationen letztendlich für den Einzelnen bewirken mögen, hängt ganz davon ab, wie intensiv er dieses Wissen für seinen Gebrauch umsetzt und was er damit zu tun beabsichtigt, welche Resultate er damit erzielen will. Es kommt ganz darauf an, in wieweit jeder bereit ist, diese Wahrheiten für sich anzunehmen, und ob er darin eine gute Chance sieht, sie für eine verbesserte Lebensqualität einzusetzen. Doch so viel lässt sich sagen: Diese Informationen vermögen bei regelmäßiger Anwendung beachtliche Erfolge zu erzielen und es bleibt für uns nur zu hoffen, dass diese Anregungen nicht dazu verleiten, sie in negative Energien und damit in negative Endergebnisse umzusetzen. Das ist nicht unsere Absicht. Aber jeder Mensch ist nun einmal für sich selbst und für das, was er denkt und tut, verantwortlich. Hierbei sollte niemand vergessen, dass er zu gegebener Zeit, spätestens aber nach seinem Ableben, sich zu verantworten haben wird für das, was sein Denken und Handeln bewirkte, und er wird sämtliche Lektionen, die er in diesem Dasein hätte lernen sollen und welche er vielleicht noch immer nicht begriffen, oder falsch gelebt hat, in Verlaufe seiner nächsten Lebensjahre oder aber in seiner nächsten Inkarnation wiederholen dürfen. Dabei wäre es gar nicht einmal so schwer, jene motivierenden Informationen und zum positiv Denken anregenden Hinweise, welche gerade passend erscheinen für die eigenen Situationen des Alltagslebens, in seine persönlichen Gedanken zu integrieren und auf diese Weise einen Weg aus jenem Lebensprogramm heraus zu finden, welches uns im Laufe von Jahren oder Jahrzehnten unfrei, krank oder depressiv gemacht hat.

Das Leben ist nun einmal voller Probleme unterschiedlichster Art und präsentiert uns seine Schattenseiten oder schwer zu bewältigenden Situationen in schöner Regelmäßigkeit gerade immer dann, wenn wir vielleicht am wenigsten daran denken und diese Nackenschläge erwarten! Schon gar nicht sind wir in der Lage, gewisse Zusammenhänge zwischen dem zu erkennen, was wir so intensiv dachten oder wünschten, und jenen Situationen, die sich uns auf geheimnisvolle Weise präsentierten. Natürlich ohne dass wir darum gebeten hätten, mögen wir vielleicht denken, geschweige denn, dass wir auch nur annähernd glauben würden, dass *wir selbst* es sind, die unter Umständen dafür verantwortlich sind.

Nun, vielleicht sollte man sich tatsächlich intensiver mit der Macht der Gedanken und Wünsche befassen, mag sich der eine oder andere jetzt vielleicht denken. Gut so! Genau diesen Wunsch wollten wir ihn Ihnen erzeugen! Die Bereitschaft, wenigstens einmal näher über bestimmte Lebenssituationen nachzudenken. Sich die Frage zu stellen, in wieweit man den Ablauf des eigenen Lebens beeinflussen kann. Ist der Mensch überhaupt in der Lage, sein Leben durch bewusste Gedankenkontrolle zu formen, zu manipulieren (wenn man so will)?

Wie funktioniert es? Darf man das, eingreifen in seinen eigenen Lebensablauf? Sofern ein Mensch einem anderen dabei keinen Schaden an Seele, Geist oder Körper zufügt, ist nichts dagegen zu sagen und unser höchster Meister, der Schöpfer allen Seins, hätte sicherlich auch nichts dagegen einzuwenden, wenn wir unser Leben so angenehm als möglich gestalten. So war es zu Beginn der Schöpfung gedacht! Jedes Wesen, egal ob geistig oder körperlich, sollte seine Existenz so glücklich und unbeschwert leben, wie nur irgendwie möglich.

Doch nun zurück zu der in uns wohnenden Magie, mit welcher wir uns wieder vertraut machen und sie als guten Freund ansehen sollten: unsere Intuition, unsere Sensitivität, die Magie des Unterbewusstseins. Wenn wir Gedanken „versenden" oder uns eingehend Wunschvorstellungen oder Tagträumen hingeben, so setzen wir diese Kraft, diese Energie in Bewegung. Keiner unserer Gedanken wird im Raum der Unendlichkeit verloren gehen und die dort herrschende universelle Energie, mit der sich unser Gedankenstrom verbindet, wird einem natürlichen Gesetz folgend bestrebt sein, diesen Gedanken und Wünschen Form zu verleihen, sie real werden zu lassen in unserem Leben, und zwar ungeachtet dessen, ob es sich hierbei um positive oder negative Gedanken handelt. Es herrscht sowohl ein universeller positiver Energiestrom als auch ein negativer und jeder Gedanke wird sich immer in der jeweiligen Strömung einfügen, der er von seiner Qualität her angehört. Deshalb ist es so wichtig, darauf zu achten, mit welcher Art und Qualität von Gedanken wir uns die meiste Zeit beschäftigen, wenn wir nicht durch das Endresultat, welches unsere Gedanken und Wünsche zu uns zurücktragen, Schaden erleiden wollen.

Wenn wir Menschen schon über die Freiheit verfügen, die uns zu eigenständigem Denken befähigt und uns erlaubt, die Eigenverantwortung zu übernehmen und (abgesehen von jenen Einschränkungen, denen wir alle unterliegen) selbständig zu handeln, so sollten wir auch respektvoller und bedachtsamer mit den vielseitigen und sehr machtvollen Möglichkeiten des Denkens umgehen. Wir alle sollten uns Tag für Tag bewusst machen, wie viel Schaden wir uns selbst zufügen, wenn wir bestimmte Energieströme, derer wir uns regelmäßig bedienen, nicht sinnvoll für uns zu nutzen wissen oder wenn wir uns in Phasen totaler physischer und psychischer Erschöpfung vielleicht sogar jenen negativen Energieströmen unserer Mitmenschen schutzlos ausliefern, weil wir nichts dagegen unternehmen, um diesen negativen Fluss zu bannen, ihn mit gezielten Gedanken zu unterbinden und von unserem Geist, Körper und Seele abzulenken.

Mit diesem Buch wollen wir all jene Zusammenhänge der unterschiedlichen Energieströme erklären, derer wir Menschen uns tagtäglich bedienen - leider meist unbewusst und ohne uns vor den Negativenergieströmen oder besser gesagt, jenen Energien zu schützen, über die wir auch ungewollt verfügen und die wir deshalb auch sehr häufig unwissentlich missbrauchen. Diese destruktiven Energien, sollten bewusst erlebt werden, denn sonst wird man sie ebenso wenig erkennen können wie jene positiven Ströme! Wir wollen ihnen einen Weg erschließen, der die Ursache dieser Probleme nicht nur offen darstellt, sondern auch die Möglichkeit gewährt, sich bewusst gegen Schwierigkeiten zu wappnen, indem man einige seiner festgefahrenen, destruktiven Gedanken nicht nur korrigiert, sondern sie durch stärkende, positive Gedanken ersetzt.

Unter Berücksichtigung, der von unseren Schutzgeistern und einigen anderen Jenseitigen „Schriftstellern" übermittelten Empfehlungen und deren kundige Aufklärung in jenen Bereichen menschlichen Denkens, welche dazu verleiten, sich in den destruktiven Gedankenkanal „einzuklinken", ließen sich unter Umständen viele der misslichen Situationen des Alltagslebens verbessern. Schon allein durch diese Tatsache könnte sich unter den Menschen nach und nach eine positivere Grundeinstellung verbreiten. Denn genau diese Grundeinstellung ist mit verantwortlich für unsere Art zu denken, zu leben, Erfolg oder Misserfolg zu haben, eine glückliche Partnerschaft zu leben.

Wenn man bedenkt, dass man mit relativ geringem geistigen „Arbeitsaufwand" - allerdings mit der hierfür unerlässlichen inneren Bereitschaft - sein Leben, die Umstände im Berufsleben, Situationen in der Partnerschaft und natürlich das wichtigste Gut eines jeden Menschen, die Gesundheit, positiv verändern kann, sich positive Veränderungen in all diesen Bereichen gar regelrecht „herbei denken" kann, wenn man sich nur Tag für Tag gedanklich damit beschäftigt und ihnen somit Form verleiht, dann ist das doch eigentlich ein sehr motivierender Auftakt, oder?

Ist man sich dieser Kräfte bewusst, die durch die Macht der Gedanken in Bewegung gesetzt werden, so vermag man sich nun sicherlich auch vorzustellen, was bei Missbrauch geschehen, also mit negativem Einsatz menschlicher Gedanken ausgelöst werden kann. Ich meine damit, wenn man sich dazu hinreißen lässt, sich sein eigenes Leben in allen nur denkbaren negativen Situationen auszumalen, die Zukunft schwarz und düster zu sehen oder gar anderen Menschen Schlechtes zu wünschen, weil man selbst vielleicht gerade in den Strom negativer, passiver Energien geraten ist und von destruktiven, zerstörerischen Gedankengängen beherrscht ist.

Die eigentliche Ursache für diese destruktive Verhaltensweise und die daraus resultierenden Ergebnisse sind tatsächlich meist auf den negativen universellen Energiestrom zurück zu führen, der zu bestimmten Zeiten (genau wie jene universelle positive Energie) alles Leben durchdringt, die Gedanken des davon Betroffenen nährt und den Menschen zu dieser Zeit schwächt und ihn auf unangenehme Weise beeinflusst. In wieweit sich nun ein Mensch diesen Schwankungen (Ebbe und Flut gleich) hingibt oder in wieweit dieser Betroffene es zulassen mag, dass die eine oder andere Energieform in ihm die Oberhand gewinnt, hängt davon ab, wie beeinflussbar er ist. So wie ein Zuviel an positiver, aktiver Energie bei einem Menschen nicht immer und zu jeder Zeit erstrebenswert ist, so verhält es sich natürlich erst recht mit negativen, passiven Energieströmen. Ein Zuviel oder Zuwenig stört das innere Gleichgewicht des Betroffenen. Alles sollte in ausgewogener Harmonie zu einander stehen und der Wechsel von einer Nuance zur anderen sollte im Idealfall bewusst stattfinden und in gewisser Regelmäßigkeit erfolgen, denn in aktiven Phasen, wenn wir von positiven Energieströmen beeinflusst sind, verausgaben wir uns sehr gerne geistig, seelisch oder körperlich. In Phasen der Passivität, also wenn wir von negativen Energieströmen erfüllt sind, bedürfen wir der Ruhe und Erholung, aber ausgerechnet dann sind wir so leicht angreifbar und empfänglich für negative Energiefelder von „außen", für destruktive Gedanken unserer Mitmenschen.

Das ist es, was wir hier in diesem Buch näher erklären werden. Wir werden aber auch beschreiben, was mit jenen Menschen geschieht, die sich dem Strudel negativer Energieströme auf Dauer hingeben, oder mit jenen, die sich ausschließlich im positiven Energiestrom befinden. Wir werden die unterschiedlichsten „Zustände" diskutieren.

Aber bitte erwarten Sie nicht, dass sie eingefahrene, negative Gedankenabläufe binnen Tagen oder Wochen in positive umprogrammieren können! Erwarten Sie bitte auch nicht, dass Sie sich binnen kürzester Zeit gar von Ihrer negativen Grundeinstellung befreien können, die Ihr Leben bisher prägte und auf entsprechende Weise beeinflusste! So schnell, wie Sie eine grundlegende Änderung ihrer Lebenssituation vielleicht erwarten mögen, wird es sicherlich nicht gehen! So, wie es Sie viele Jahre Ihres Lebens gekostet hat, sich diese destruktiven Grundgedanken anzueignen, so wird es natürlich auch eine gewisse Zeit der Umstellung in Anspruch nehmen, sich von dem angesammelten Gedankenschrott zu befreien. Sie werden positive Gedankenabläufe gerade anfangs immer wieder regelmäßig und bewusst in Ihr Leben integrieren, sich jedes Mal aufs Neue korrigieren müssen, wenn negatives Gedankengut die Überhand gewinnen möchte. Glauben sie bitte nicht, dass eine unsichtbare Kraft Ihnen die gewünschten Erfolge auf einem Silbertablett serviert! Doch Ihr Einsatz, Ihr Fleiß und Ihre Geduld werden sicherlich belohnt und den gewünschten Erfolg mit sich führen.

Wenn Sie jeden Tag fünf oder zehn Minuten dafür investieren, um ihr Unterbewusstsein mit positiven Gedanken zu programmieren, so ist das ein sehr guter Anfang! Vielleicht beginnen Sie morgens, kurz vor dem Aufstehen, damit, sich mit einigen entsprechend motivierenden Gedanken für den bevor stehenden Tag fit zu machen, indem sie sich auf den ersten wichtigen Schritt konzentrieren, den sie zu meistern haben, anstatt sich (beispielsweise) wieder bildhaft vor Augen zu führen, was an diesem Tag alles erledigt werden muss oder gar nicht erledigt werden kann. So hätten Sie erste destruktive Gedanken umgewandelt und für einen positiven Start in den neuen Tag gesorgt. Bekanntlicherweise begehen die meisten Menschen genau zu diesem frühen Zeitpunkt des neuen Tages den ersten großen Fehler, indem sie sich für den bevor stehenden Tag auf Chaos programmieren! Ihre Gedanken beschäftigen sich damit, was sie alles bewältigen müssen, was an Unannehmlichkeiten bevorsteht und welche Dinge unerledigt liegen bleiben werden! So wird das falsch programmierte Unterbewusstsein auch dafür zu sorgen wissen, dass es genau so eintrifft, wie diese Menschen es sich gedanklich vorstellen!

Statt dessen sollte man den neuen Tag viel lieber begrüßen, ihn als ein Geschenk sehen, ihn als Bereicherung annehmen und ihn nicht mit Hast und Eile beginnen, ein unzureichendes Frühstück in sich hinein zu schlingen (falls überhaupt) und aus dem Haus zu stürmen, um pünktlich, dafür aber bereits ausgelaugt, gestresst und gereizt am Arbeitsplatz zu erscheinen. Und das, obwohl der Tag noch nicht einmal richtig begonnen hat. Das muss wirklich nicht sein! Wo bleibt der angeborene Instinkt für produktives, organisiertes Handeln und Denken? Auf welcher der unzähligen Strecken des Lebens wurde er zurück gelassen?

Oder glaubt man womöglich, man würde sehr viel wichtiger und fleißiger „wirken“, wenn man sich seiner Umwelt alle Tage aufs neue gestresst zeigt? Stress - wie sehr ich dieses Wort hasse, weil sich heute fast jede/r so leichtfertig dieses Wortes bedient, ohne sich dessen Magie bewusst zu sein! Selbst Rentner und Kinder nehmen es gedankenlos in den Mund und erzielen mit diesem Gebrauch in ihrem Tagesablauf fragwürdige Ergebnisse. Man sollte einmal gründlich darüber nachdenken, dass es absolut keinen Sinn ergibt, wenn man bei jedem und jederzeit den Eindruck vermitteln möchte, man stehe unter Druck, man sei in allergrößter Eile und beinahe am Ende seiner psychischen und physischen Kräfte, der vielen Arbeit und Aufgaben wegen! Man wird sich schon aufgrund dieser Haltung genau in derartigen Situationen wiederfinden!

Wie lächerlich dieses Verhalten jenen Menschen erscheinen mag, welche sich der Tatsache bewusst sind, dass echter Fleiß und gute, produktive Arbeit im Kopf beginnen, braucht man kaum zu erwähnen! Menschen müssen nicht zwangsläufig, einer wild gewordenen Herde von dummen, blökenden Schafen gleich, durch den Tag stolpern, ohne eigentlich genau zu wissen, weshalb sie sich so und nicht anders verhalten! (Wobei ich den lieben Vierbeinern nicht zu nahe treten wollte, denn sie folgen lediglich ihrer natürlichen Bestimmung).

Halten wir uns einmal jene Menschen vor Augen, die mit gehetztem Blick, mit leidender Miene, mit nach vorne gebeugten Schultern und schlaffem, saft- und kraftlosem Händedruck ihre Umwelt beglücken und die mit ihrer zur Schau gestellten Hast und ihrem selbst auferlegten Stress ihren Mitmenschen das Gefühl vermitteln wollen, Gott und die Welt (und vor allen Dingen die „anderen“) seien Schuld an ihrer von Stress geprägten Situation und für den sicherlich bald bevor stehenden Herzinfarkt verantwortlich.

Jeder Mensch kann - und sollte - wenigstens fünf oder zehn Minuten, besser noch eine halbe Stunde pro Tag für wirklich sinnvolle und hilfreiche Gegenmaßnahmen „abzwacken“, die diese hektische Lebensweise unterbinden können, die ihm innere Ruhe bringen werden und ihm helfen, die nötige Distanz zu seinen unliebsamen, schädlichen Lebensgewohnheiten zu schaffen. Das ist weder unrealistisch noch undurchführbar! Man kann, wenn man es ernsthaft möchte! Wem lediglich die angeborene Bequemlichkeit im Wege steht, der sollte sich und anderen gegenüber wenigstens so ehrlich sein und diese Unzulänglichkeit eingestehen und nicht zu fadenscheinigen Ausreden greifen, die nicht einmal gute Freunde glauben würden!

Doch zurück zu den frühen Morgenstunden, wenn wir erwachen und uns auf den bevorstehenden Tag vorbereiten. Schon jetzt könnte man damit beginnen, sich positiv einzustimmen, sich jener Dinge zu erinnern, die dazu beitragen die grauen Alltagssituationen zu verschönern! Wir müssen uns nicht mit Tausenden von Erledigungen überladen, die wir ohnehin nicht schaffen können und die gerade deshalb bestens geeignet sind, „Stress“ zu verursachen, die das Gefühl vermitteln, dass man versagt, das selbst auferlegte Pensum zu erledigen. Wozu sollten derartige Gedanken also gut sein? Weshalb wiederholt man dieses Fehlverhalten immer und immer wieder? Wem glaubt man damit etwas beweisen zu müssen? Warum gewährt man mit derart demotivierenden Gedanken negativen Energieströmen Einlass zu seinem Unterbewusstsein? Wäre es nicht bedeutend sinnvoller, wenn man sich jeweils auf eine einzige wichtige Sache konzentrierte und sich erst dann der nächsten wichtigen Aufgabe widmete, wenn man die erste zu seiner eigenen Zufriedenheit erledigt hätte? Das entspräche wünschenswertem Energieeinsatz und man würde sehr schnell erkennen, dass man auf diese planende, vorausschauende Art nicht nur ein gewaltiges Pensum bewältigen kann, sondern noch dazu sehr viel Zeit spart.

Versuchen Sie künftig, sich kleine symbolische Handlungen anzueignen, wenn sie den Tag beginnen. Beispielsweise, indem sie den Wecker fünft oder zehn Minuten früher klingeln lassen und dann diese Zeit nutzen, um sich mit positiven Gedanken zu „programmieren“! Gönnen sie sich ein wenig mehr Zeit für ihr Frühstück und verschanzen Sie sich dabei nicht hinter ihrer Zeitung! Denn sie sollen sich ausschließlich auf *eine einzige* Sache konzentrieren.

Dann könnten sie vielleicht darüber nachdenken, welche der nächsten Aufgaben dieses Tages Priorität besitzt und welche nicht sofort oder aber vielleicht erst in den nächsten Tagen erledigt werden können. Und vor allen Dingen gewähren Sie sich auch genügend Zeit für ein- oder zwei angenehme Erlebnisse, denn diese sind wichtig für Sie und Ihr inneres Gleichgewicht und werden vermeiden, dass Sie diesen Tag als einen sinnlos gelebten betrachten.

UNIVERSELLE GESETZE DER MENSCHLICHEN GEDANKENKRAFT

(Wir haben die Übermittlungen so belassen, wie sie von unseren jenseitigen Freunden zur Verfügung gestellt wurden)

Einer der Schlüssel zu einem glücklicheren und erfüllterem Leben könnte lauten:

„Die *eigene* Kontrolle über unsere Gedanken!“

Was sich für jene, die sich zum ersten Mal mit dieser Theorie befassen, vielleicht im ersten Augenblick etwas kompliziert anhören mag, ist eigentlich ganz einfach, da auf einer Kette logischer Überlegungen aufgebaut.

„Eure Gedanken prägen nicht nur eure Zukunft, sondern auch euer Gesicht, und sie werden auch eure Gesten prägen sowie Haltung und Körper.“

So gesehen unterliegen diese Gesetze auch jenen universellen Gegebenheiten, welche die Schönheit eines Menschen prägen, wobei wir nicht unbedingt von der äußerlichen Schönheit eines menschlichen Wesens sprechen, also von dem, was durch eure Gene bedingt oder durch eure Ahnen vererbt ist, sondern wir sprechen von jener Schönheit, welche eurer Seele, eurem Geist entspricht, die Schönheit, welche von innen nach außen strahlt, das , was man die Aura eines Menschen nennt. Aber nicht nur diese Schönheit wird durch entsprechende Gedanken und einer inneren Grundeinstellung zum Ausdruck gebracht, auch euer Gemüt wird von jenen Gedanken bestimmt, mit welchen ihr euch die meiste Zeit beschäftigt. Sie haben große Macht über euch, über euer Empfinden, eure Kraft. Und sie sind für eure Gesundheit verantwortlich oder im negativen Sinne für das, was Ihr körperliche Gebrechen und Krankheit nennt. Die Beschaffenheit eurer Gedanken ist verantwortlich für das, was ihr seid, wie ihr lebt und letztendlich auch für all jene Situationen, die euch im Leben begegnen. Diese Gedanken sind größtenteils auch verantwortlich für eure Zukunft, denn diese wird auf sehr direkte Weise durch das, was ihr denkt, und durch eure oft gehegten Wünsche mitbestimmt!

So, wie ein freundliches Gesicht mit nach oben geschwungenen Mundwinkeln, strahlenden Augen und gesunder Haut auf eine positiv geprägte Denkweise eines Menschen schließen lässt, die bestätigt wird durch die Aura, welche diesen Menschen wie einen schützenden Mantel umgibt, den man zwar nicht sehen kann, der dafür aber umso stärker von anderen Menschen empfunden wird, so wird man auch über die Hässlichkeit in der Mimik und Gestik eines Menschen auf dessen schlechte Verfassung Rückschlüsse ziehen können. Die Natur bringt in aller Regel keine wirklich hässlichen Geschöpfe hervor. Selbst ein im Sinne jetzt geltender Schönheitsideale un attraktiver Mensch wird seine Umwelt durch Anmut, Charme und Wärme verzaubern können und seine äußere Erscheinung wird schon alleine dadurch anziehend auf andere wirken, wenn dieser Mensch von einer positiven Lebenseinstellung erfüllt ist! Und jener Mensch, der dem heutigen Schönheitsideal in allen Punkten zwar entspricht, der aber getragen wird von einer negativen, boshaften Grundeinstellung, dem wird dieses gewisse Etwas fehlen, was ihn anziehend und sympathisch macht, und vielleicht werden seine Mitmenschen seine äußere Schönheit deshalb auch nicht mehr so hoch bewerten.

Wahre Schönheit kommt von innen! Alles Hässliche, Unvollkommene, Leere und Kalte deutet auf eine regelmäßig praktizierte Missachtung gültiger universeller Gesetze hin, egal, ob sie bewusst oder unbewusst missachtet wurden. Eine regelmäßige Übertretung dieser ungeschriebenen Gesetze wird auch den stetig fortschreitenden und vorzeitigen Zerfall des Körpers oder aber Schwäche in Geist oder Körper mit sich ziehen. Man könnte durchaus sagen, dass diese Übertretung auch die eigentliche Ursache für das darstellt, was euch für andere Menschen abstoßend und unsympathisch macht, euch vorzeitig altern lässt und krank macht. Allerdings tritt das nur bei jenen Menschen deutlich in Erscheinung, deren Grundstimmung von negativen Gedanken geleitet ist. In aller Regel ziehen gleiche Geister oder Gedanken gleichgesinnte Geister/Gedanken in ihren Bann. Auch das ist ein ernst zu nehmendes Problem, über das nur wenige von euch nachdenken, und deshalb werden wir mit euch auch darüber noch ausführlich sprechen.

Die dominierende Stimmung eures Geistes, also jener Zustand, in dem ihr euch die meiste Zeit befindet, sollte deshalb so oft als nur möglich einer bewussten Kontrolle unterliegen. Also sind eure Gedanken negativer Art, fühlt ihr euch oft niedergeschlagen, depressiv, übel launig oder aggressiv, ist das ein Beweis für destruktive, zerstörerische Energieströme! Ihr zieht dann zwangsläufig eben solche Menschen in euren Bann. In solch einer Situation ist es zwingend notwendig, sich aus dieser trüben Stimmung heraus zu reißen! Es gibt so viele nützliche Möglichkeiten, die euch dabei helfen könnten, diesen negativen Gemütszustand zu bewältigen und die daraus resultierende Kette von Ursache und Wirkung zu unterbrechen oder besser noch sie in eine entsprechend motivierende Richtung zu lenken. Da nun jeder einzelne Mensch auf sehr unterschiedliche Sinneseindrücke anspricht, die ihm helfen könnten, sich aus diesem wenig wünschenswerten Zustand zu befreien, zählen wir verschiedene Anregungen auf.

WEGE ZUR BEFREIUNG AUS NEGATIVEN GEMÜTSZUSTÄNDEN

MUSIK

Musik ist eine Möglichkeit. Aber ihr müsst sie mit Bedacht und Sorgfalt auswählen, um eure Stimmung nicht noch zu verstärken! Wählt euch jene Musik aus, von der ihr wißt, dass sie euch beruhigt oder fröhlich stimmt! Wer beispielsweise unter Liebeskummer leidet (negativer Energiestrom), der tut natürlich nicht gut daran, wenn er sich jene Lieder anhört, welche an die/den Verflossene/n und all die Erlebnisse erinnern, die man gemeinsam während der Zeit des Zusammenseins hatte! Das würde lediglich den negativen, düsteren Energiestrom fördern. Damit wäre euch keinesfalls geholfen und ihr könntet nicht das Gesetz negativer Gedankenströme durchbrechen! Wer zu Aggressionen neigt und sich in einer aggressiven Stimmung befindet, der sollte besser auf sanfte Klänge zurückgreifen, um die gerade herrschenden destruktiven Energieströme nicht ins unermessliche zu steigern. Kurz: Es sollte tunlichst vermieden werden, bestehende Einflüsse zu unterstützen! Umgebt euch mit Schönheit, mit schönen Dingen oder schönen Situationen, denn bekanntlich ist Schönheit eine der Todfeinde von negativer Strahlung, negativen Gedankengänge und böser Absichten. Allerdings ist Schönheit für jeden Einzelnen von euch etwas sehr Individuelles. Doch sicher weiß jede/r von euch, was wir meinen und was daher das Richtige für ihn/sie wäre..

TIERE

Eine weitere Möglichkeit, die in einem Anflug von Depression, Erschöpfung oder anderen Situationen, die auf Einflüsse negativer Energieflüsse hinweisen, sehr hilfreich sein kann, ist folgende. Umgebt euch mit einem liebevollen Tier! Tiere vermögen eure trübe Stimmung oder euren Erschöpfungszustand zu absorbieren, ohne dass sie dabei selbst Schaden erleiden. Allerdings sprechen wir von jenen freundlichen Haustieren, die nicht zu einem trüben Dasein verdammt sind und ihr bedauernswertes Leben in engen Käfigen oder anderen unzureichenden Behausungen fristen! Das Tier, welches euch helfen kann, euer natürliches Gleichgewicht zu finden, sollte möglichst „frei“ sein und Sympathie für euch empfinden. Solche Wesen können so vieles für den Menschen tun, sie hätten euch so viel an Gefühl und Zuneigung zu schenken und nehmen euch eure negativen Energieströme, sie ziehen sie regelrecht von euch ab und leiten sie weg aus eurem Einzugsbereich. Schon deshalb verdienen Tiere gebührende Beachtung und respektvolle Behandlung. Ob eure Wahl dabei auf Hund, Katze, Vogel oder o.ä. fällt, liegt einzig und allein an jedem Einzelnen von euch.

NATUR

Nun zu einer wirkungsvollen Methode, die eure negativen Energien binnen kürzester Zeit absorbieren könnte, die allerdings auch einen größeren Zeitaufwand beansprucht. Geht hinaus in die freie Natur! Der Anblick von Grün, von Blumenpracht, aber auch einer herbstlichen oder winterlichen Landschaft wird euch helfen, herrschende negative Einflüsse zu beseitigen. Falls ihr Gelegenheit dazu findet, sucht euch einen großen, starken Baum, in dessen Nähe ihr eure leer gewordenen oder geschwächten „Akkus" wieder aufladen könnt! Besonders geeignet für diesen Zweck sind jene Exemplare, die wild wachsen und sich den Ort ihres Entstehens einst selbst gewählt haben. Diese Bäume sind voll von positiver unverfälschter Energie und werden eure negativen Schwingungen nicht nur absorbieren, sondern euch großzügig mit ihrer eigenen positiven Energie beschenken, die für euch Menschen sehr wertvoll ist. Sie stärkt Seele, Körper und Geist. Naturvölker wissen noch heute um die Wirksamkeit dieses Geheimnisses und wir bedauern es sehr, dass dieses Wissen immer mehr von eurem Planeten verschwindet.

Wir hören im Geiste bereits euer stummes Aufbegehren: „Wie lässt sich das in die Tat umsetzen bei so wenig freier Zeit, die man zur Verfügung hat? Hinausgehen in die Natur, wo man kaum genügend Zeit hat, alles zu bewältigen, was Tag für Tag auf dem großen Plan unerledigter Dinge steht!"

Nun, Zeit ist ein relativer Begriff und bedenkt man einmal, wie wenig ein Mensch zu leisten vermag, der sich in einem Zustand negativer Energien befindet, und hält man sich vor Augen, wie langsam und unproduktiv seine Arbeit von der Hand geht (ganz zu schweigen, wie viele Tage er in diesem Zustand verbringen wird, wenn er nicht selbst dagegen angeht), so kommt man leicht zu dem Schluss, dass diese eine Stunde (oder vielleicht zwei?), die für einen Kurzausflug hinaus in die Natur zu den Bäumen nötig wäre, sicherlich irgendwie in den Tagesablauf „eingebaut" werden könnte. Notfalls wird man das anstehende Wochenende dafür nützen können oder die frühe Morgen- oder Abendstunde, mit oder ohne Familie. Danach fühlt man sich wieder erfrischt und stark, die destruktive Phase ist schneller als sonst überwunden und man kann wieder zügig arbeiten und seine Kreativität sinnvoll einsetzen. Man hat letztendlich sogar Zeit gespart.

Vielleicht solltet ihr euch in diesem Zusammenhang noch etwas Wichtiges bewusst machen. Nicht die Dauer eures Aufenthaltes unter einem Baum ist maßgebend für eine Verbesserung eures Energiestroms, sondern die innere Einstellung. Die *Intensität* und die *Konzentration*, mit der ihr euch dieser Aufgabe widmet, ist entscheidend für gutes Gelingen. Lehnt euch mit eurem Rücken an den kräftigen Stamm „eures" Baumes, atmet tief und gleichmäßig dabei und konzentriert euch auf das Gefühl der Ruhe, welches dieser gewaltige Riese auf euch abstrahlt. Bittet diesen Baum, euch von seiner Kraft und Stärke etwas abzugeben, und bedankt euch für das wertvolle Geschenk, welches diese Schönheit der Natur in diesen Minuten des Friedens mit euch teilt!

Einen Baum um etwas bitten? Sich bei ihm bedanken? Darüber könnt ihr nur lächeln? - Das zeigt lediglich, wie wenig ihr doch alle wisst vom eigentlichen Sinn, der hinter der Einheit des großen Ganzen verborgen liegt! Wie wenig ihr darüber nachdenkt über den Einklang zwischen der Natur und den unterschiedlich gearteten Seelen aller lebenden Wesen untereinander! Bevor ihr den eigentlichen Sinn des Lebens erforschen wollt, solltet ihr zuerst damit beginnen, dieses Zusammenspiel zwischen Mensch und Natur zu verstehen. Dann wachsen eure Chancen, auch den wahren Sinn allen Seins zu erkennen! Alles, was einst durch die Schöpfung hervorgebracht wurde, ist durchdrungen von universellen Energieströmen und deshalb könnt ihr Menschen auch Kräfte von Tieren, Bäumen, Blumen, Steinen, Wasser, Wind und vielen Dingen mehr ziehen, sofern sie sich noch ihren natürlichen Gesetzen folgend entwickeln konnten und nicht künstlich verändert oder manipuliert wurden.

Zurück zu diesem gewaltigen Baum, den ihr euch erwählt habt, weil ihr erschöpft, ausgebrannt oder in einer sonstigen negativ bestimmten Verfassung seid. Wenn die erforderlichen Umstände es zulassen, so könnt ihr euch auch gerne unter diesen Baum setzen oder legen, denn je näher der Kontakt zur Erde unter euch ist, desto besser. Es wirkt verstärkend, wenn ihr den Boden bewusst fühlen, riechen, wahrnehmen könnt, und ist daher in diesen Minuten der Konzentration und Ruhe sehr hilfreich. Wichtig aber ist, dass ihr euch einen gesunden Baum aussucht. Man kann durch eingehende Betrachtung sehr wohl feststellen, ob ein Baum gesund ist. Außerdem sollte der Stamm des Baumes möglichst keine ausgeprägten Wucherungen zeigen (also nicht verkrüppelt aussehen), denn das zeugt von einer vorhandenen Wasserader in diesem Bereich, deren Energie nicht für den Zweck des mentalen Energieaustausches förderlich wäre.

Vielleicht entscheidet ihr euch für einen alten Nussbaum, denn dieser Eigenbrödler unter den Bäumen eignet sich hervorragend, um beispielsweise aggressive Menschen zu beruhigen und wieder ins Gleichgewicht zu bringen. Oder aber ihr wählt eine starke Eiche, deren Wurzeln unverzüglich eure destruktiven Energien von euch ziehen und euch binnen weniger als einer halben Stunde mit freundlichen, motivierenden Kräften versorgen, euch heiter und gutgelaunt stimmen. Lindenbäume bringen eure Seele wieder ins Gleichgewicht und vermögen sogar eure schmerzenden, verspannten Rücken zu heilen. Allerdings nur dann, wenn ihr euch die Mühe macht, diesen Baum regelmäßig und mehrmals die Woche aufzusuchen. Kastanienbäume absorbieren jegliche Art negativer Energieströme und werden für euch in jeder negativen Stimmung nützlich sein. Sie stimmen euch auch kreativ und fördern somit schöpferische Gedanken.

Am besten ist es, einen Baum auszuwählen, den ihr immer und immer wieder aufsucht, wenn euch danach ist, wenn ihr das Bedürfnis verspürt, euch mit seiner Energie zu stärken. Mit jedem neuen Besuch werdet ihr deutlicher fühlen können, dass dieser - euer - Baum den Kontakt zu euch herzustellen weiß und dass der Energiestrom von Mal zu Mal stärker fließt. Der regelmäßige Ausflug hinaus in die Natur, wird euch helfen, eure wenig trainierten Sinne und eure wenig genutzte Intuition zu schulen - eine kostenlose und, wie wir meinen, angenehme Begleiterscheinung! Noch dazu werdet ihr Zeugen dieser kontinuierlichen Verbesserung dieser Fähigkeiten. Doch vergesst dabei nie, dass nur ein gesunder, starker Baum euch helfen kann, jener Baum, der sich völlig natürlich entwickeln konnte und der sich noch dazu auf einem Platz befindet, der euch sympathisch und harmonisch erscheint. Beachtet diese wenigen Regeln, und erste Erfolge werden nicht lange auf sich warten lassen.

Hier noch einige andere Orte der Kraft, an denen ihr auftanken und entspannen könnt: Seen, Teiche, Bäche, Quellen und natürlich das Meer! An solchen Orten der Ruhe und Kraft werdet ihr euch von negativen Gedanken, von schwächenden Energien oder von sonstigem Seelenschrott der euch zu erdrücken droht, befreien können. Vorausgesetzt natürlich, ihr könnt euch dort ungestört aufhalten, ohne lärmenden Einfluss eurer Mitmenschen. Frühe Morgenstunden werden das sicherlich ermöglichen, oder späte Abendstunden, wenn allerorts Ruhe herrscht. Auch hier reicht es völlig aus, wenn ihr euch eine halbe Stunde bis Stunde an einem solchen Ort für eure stille Meditation oder euer Zwiegespräch mit den Partnern der Natur aufhaltet.

Solltet ihr an einem dieser Orte gar euren Urlaub verbringen können, so wäre es natürlich ratsam, an jedem dieser freien, unbeschwerten Tage, diese halbe Stunde bis Stunde für eure „Meditation" einzuplanen. Konzentriert euch für die Dauer dieser Zeit auf all jene Dinge, welche ihr in eurem Leben ändern wollt, und macht euch gezielt bewusst, wie diese Veränderungen genau auszusehen haben. Konkretisiert eure Wünsche so gut als möglich und gebt sie als eine Art „Befehl" an euer Unterbewusstsein weiter! Dort werden sie entsprechend umgesetzt und drängen schon bald nach Realisierung. Gewährt bei dieser geistigen Arbeit auch der Stimme eurer Intuition eine gewisse Portion an Mitspracherecht. Gebt genau darauf acht, was ihr in diesen Minuten der Stille aus der geistigen Dimension oder aus der Tiefe eures Unterbewusstseins"empfangt". Achtet akribisch genau darauf, was eure Intuition nun an die Oberfläche des Bewusstseins befördert! Es könnte sich dabei durchaus um wertvolle Informationen handeln, die während dieser Zeit zutage gefördert werden und die ebenfalls behilflich sind, euch zu sagen, wo ihr Mangel erleidet in eurem täglichen Leben oder was zuviel ist für euch, was euch überfordert im Alltagsleben, weshalb ihr euch geschwächt und ausgelaugt fühlt, welche Menschen gut für euch sind und welche euch nur Schaden zufügen.

Aber lasst auf keinen Fall zu, dass diese nun bewusst gemachten Tatsachen euch noch tiefer in das schwarze Loch der Depressionen ziehen. Ihr seid an diesen Ort gekommen, um eine positive Veränderung herbeizuführen. Beginnt auch damit! Versinkt nicht in die deprimierende Tatsache, dass ihr umgeben seid von negativen Situationen, sondern macht euch bewusst, dass ihr gerade im Begriff seid, diese unschönen Situationen zu verbannen, sie durch entsprechende Programmierung eures Unterbewusstseins umzuwandeln und zu ersetzen. Wenn ihr diese Orte der Kraft nur dazu aufsucht, um weiterhin über dieses oder jenes Problem zu brüten, so könntet ihr es genauso gut sein lassen! Halbherzigkeiten bringen keine Erfolge! Und auch hier müssen wir wieder anmerkten: Versucht nicht alles auf einmal erledigen zu wollen, sondern lediglich immer eines nach dem anderen! Befasst euch mit *einem* Problem, vielleicht mit jenem, welches euch das Leben am meisten erschwert! Konzentriert euch auf dessen Bewältigung und wenn ihr glaubt, dass ihr es geschafft habt, dann könnt ihr gerne damit beginnen, die nächste unangenehme Sache in eurem Leben zu bereinigen.

Widmet euch jedem Problem auf diese Weise. Konzentriert euch Kraft der Gedanken auf eine positive Lösung dieses Problems! Sobald ein Mensch diesen wichtigen Punkt erkannt hat, wird es ihm künftig sehr viel leichter und schneller gelingen, sich von negativen Energieströmen zu befreien.

STEINE UND EDELSTEINE

Ähnlich wie jene unsichtbaren Kräfte von Bäumen oder Gewässern auf Energie geschwächte Menschen positiv einwirken können, so können auch Steine, Felsen und Berge negative Energien absorbieren und neue positive Energien auf den Menschen übertragen.

Vielleicht gibt es in deiner Nähe solch einen Ort; es müssen keine Berge oder gar Gebirge sein, um ungestört die Kraft von Steinen nutzen zu können. Ein alter Steinbruch erfüllt den gleichen Zweck, oder aber einer der alten und beinahe vergessenen Kultplätze inmitten eines Waldes. Druidenhaine beispielsweise sind hervorragend geeignet, sich seiner inneren Stärke zu besinnen und verbrauchte Energien abzustreifen, um sich danach mit neuer, stärkender Energie zu laden. Diese Energieform wird an solchen Orten mit erstaunlicher Intensität abgestrahlt. Auch ein Sonnen bestrahlter Felsbrocken wirkt positiv auf den Menschen ein und erfüllt einen ähnlichen Zweck!

Gesteine wirken reinigend auf Geist und Körper, aber sie sind weniger geeignet, die Seele wieder ins Gleichgewicht zu führen. Ausnahmen sind jedoch Edelsteine und Halbedelsteine - womit wir bei der nächsten Möglichkeit angelangt wären, die euch Menschen behilflich sein können, euren verbrauchten Akku wieder mit stärkender Energie zu laden. Aber diese schönen, farbigen Kristalle, die ihr leicht erwerben könnt, sollten sehr individuell eingesetzt werden und deshalb wäre es in diesem Falle ratsam, sich jemandem anzuvertrauen, der sich mit den unterschiedlichen Kräften und Energien dieser Steine auskennt und euch sagen kann, wie man sie einsetzt und von Zeit zu Zeit reinigt.

Es würde zu weit führen, wollten wir alle jene Kristalle und Quarze aufzählen, die nicht nur als Glücksbringer und Talismane anzusehen sind, sondern sehr wohl als Energieverstärker oder Absorbierer negativer Einflüsse. Nur soviel noch dazu: Viele dieser Steine vermögen - richtig eingesetzt - sogar körperliche Leiden zu mildern, aber nur selten wird ihre Kraft ausreichen, um echte Heilwirkung zu erzielen. Sie können als zusätzliche Heilmaßnahme eingesetzt werden, aber man darf nicht ausschließlich auf ihre Heilwirkung bauen.

Stärkend und sehr positiv wirkt bei negativer Belastung oder Stimmung ein klarer, handgroßer Bergkristall, den man regelmäßig den Strahlen der Sonne aussetzen sollte, damit er diese starke Energie speichern und danach an euch abgeben kann. Ein großer, von Sonnenenergie geladener Bergkristall unter das Bett gelegt, möglichst so, dass er unter eurem Kopf zu liegen kommt, vermag zumindest für die Zeit eures Schlafes, negative Energieströme von euch abzuhalten. Solch einen Stein am Arbeitsplatz aufzustellten macht wenig Sinn, schon gar nicht, wenn dieser Platz kontinuierlich von anderen Personen aufgesucht wird. Denn dieser Kristall wird auch negative Energieströme anderer in sich aufnehmen und dadurch kaum noch über stärkende Energie verfügen. Ein Kristall oder Quarz sollte möglichst nicht den Energieströmen anderer Menschen ausgesetzt und schon gar nicht von anderen berührt werden können! Wenn ein anderer Mensch „euren" Stein berührt, solltet ihr ihn danach wieder reinigen, bevor ihr mit ihm „arbeitet", ihn als stärkenden Energiequell für euch nutzt! Aufgeladen mit negativen Energien anderer ist er mehr schädlich für euch als nützlich! Bedenkt dies und handelt entsprechend! Allerdings ersetzt die Arbeit mit Kristallen oder Quarzen nicht den Besuch in der Natur!

PROGRAMMIEREN UND MEDITATION

Nun werden sich manche von euch vielleicht fragen, was jene tun können, die stark eingespannt sind in ihren Beruf und für die deshalb tatsächlich sehr wenig Zeit zur Verfügung steht, um mentale Vorkehrungen für den inneren Frieden oder den Schutz vor negativen Energieströmen zu treffen, jene Menschen also, die so gut wie nie Gelegenheit finden, Orte der Ruhe und Kraft aufzusuchen, die ihnen helfen würden, alle angesammelten üblen Energien zu absorbieren, um dadurch der Phase negativ geladener Schwingungen zu entkommen. Auch für diese Menschen gibt es eine Lösung.

Es wäre in diesem Falle ratsam (wie bereits empfohlen), sich schon vor Beginn des arbeitsreichen Tages mit einer positiven „Programmierung" in den frühen Morgenstunden auf jene Situationen einzustimmen, die zu erwarten sind, und sich mit entsprechenden mentalen Gedankenbefehlen vor negativen Energieströmen anderer zu schützen. Sollte man während der Arbeit plötzlich in die negative Phase überwechseln oder fühlen, dass man in den negativen Gedankenstrom anderer gerät, so wäre es ratsam, sich wenigstens für zehn Minuten zurückzuziehen! Vielleicht besteht die Möglichkeit, sich in einen leeren Raum zurückzuziehen, um sich dort, mit Hilfe einfacher Meditationsübungen in einen Zustand der Ruhe zu versetzen. Denn erst wenn man sich in einem gedanklichen Ruhezustand befindet, wird man damit beginnen können, gegen diese destruktive Stimmung anzugehen.

Das erfordert natürlich eine gewisse Übung, ist aber bei richtiger Anwendung ebenfalls sehr gut geeignet, negative Schwingungen zu unterbrechen. Wir wollen hier auch nicht alle Meditationsmöglichkeiten aufzählen, denn sonst würden wir das eigentliche Thema verfehlen, aber so viel können wir dazu noch sagen: Wer sich keine der üblichen Meditationsübungen aneignen will, der kann auch so verfahren, wie wir es hier schildern. Setzt euch bequem hin (falls Gelegenheit dazu besteht, legt euch hin), atmet tief und regelmäßig, mit geschlossenen Augen! Versucht euch auf das Atmen zu konzentrieren, zählt vielleicht rückwärts von Zwanzig bis Null und konzentriert euch dann völlig auf den Bereich eures Solarplexus, jenen Bereich, der unterhalb eures Rippenbogens zu finden ist. Konzentriert euch völlig auf diesen Punkt und wenn ihr spürt, dass euer Atem regelmäßig und tief zu fließen beginnt, dann ist der Zeitpunkt gekommen, eurem Unterbewusstsein einige Befehle zu erteilen. Programmiert euch mit sinnvollen Wünschen, bittet um neue Kraft und Energie! Wen, das bleibt jedem selbst überlassen, denn wir wollen uns hier nicht über Glaubensrichtungen unterhalten. Macht euch deutlich bewusst, welchen Zustand des Seins ihr euch in dieser Minute wünscht! Befiehlt alle negativen Energien, welche Zugang zu euch gefunden haben, dahin zurück, woher sie gekommen sind! Stellt euch bildlich vor, wie sie von euch, eurem Geist und eurem Körper weg fließen!

Und dann solltet ihr euch für einige Minuten möglichst bildhaft vorstellen, wie frisch und kraftvoll ihr euch fühlt, wie viel positive Energie euch nun wieder zur Verfügung steht. Verbannt alle ärgerlichen Gedanken, die euch anhaften, und macht euch bewusst, dass Stress und Hektik kein wünschenswerter Zustand für euch sind und dass ihr in der Kraft der Ruhe die eigentliche Produktivität für eure Arbeit findet! Eurer Fantasie sind hierbei keine Grenzen gesteckt, aber bedenkt, dass ihr eure Gedanken und Wünsche möglichst klar und deutlich ausdrücken solltet, und denkt immer daran: Jeder negative Gedanke oder Wunsch, den ihr direkt gegen einen eurer Mitmenschen richtet, wird sich letztendlich gegen euch selbst richten wird! Das muss nicht immer zwangsläufig unverzüglich geschehen, aber es wird geschehen!

Das waren nur einige der Anregungen, die euch Menschen helfen könnten, eure negativen Gedanken und Stimmungen zu vertreiben, und einige davon könnten euch bereichern, wenn ihr sie nur regelmäßig anwendet! Bedient euch der positiven Energie der Natur und macht euch deren Kraft und Energie immer wieder bewusst! Lernt wieder eure Instinkte zu gebrauchen und sie richtig einzusetzen - für euch, und wenn ihr diese Methode beherrscht, auch für andere, die eurer Hilfe bedürfen.

Doch dürft ihr nicht vergessen, dass damit die eigentliche Ursache eurer negativen Gefühle und den Zustand eurer Erschöpfung, der euch in vielen täglichen Situationen überfallen mag, noch lange nicht aus der Welt geschafft ist! Wir werden euch darüber ebenfalls noch einiges berichten und euch später noch mit einer wirkungsvollen Meditationsübung vertraut machen, mit der ihr dieser Ursache entgegnen könnt.

DER MENSCHLICHE INSTINKT

Von Natur aus hat jeder Mensch einen ausgeprägten Instinkt mit auf seinen Lebensweg bekommen, doch leider machen die meisten Menschen immer weniger Gebrauch von ihm und deshalb ist es nicht weiter verwunderlich, wenn sich diese inneren Gefühle im Laufe der Jahre immer mehr reduzieren und letztendlich verkümmern.

Wie stark der Instinkt im Menschen ausgeprägt ist, hängt ab von bestimmten Voraussetzungen und individuellen Charaktereigenschaften, welcher jeder Mensch von jener höchsten Macht, welcher er sein Dasein verdankt, mit auf seinen Lebensweg bekommen hat. Trotzdem habt ihr die Möglichkeit, diesen angeborenen Instinkt zu trainieren und ihn euch wieder bewusster zu machen!

Nach eurer Geburt wird die weitere Entwicklung eures Instinktes auch in gewissem Maße von der Erziehung durch eure Eltern, Lehrer usw. abhängig sein. Man kann intuitives Verhalten eines Menschen entsprechend fördern oder es aus Unwissenheit unterdrücken. Letzteres ist sehr bedauerlich, denn damit wird indirekt ein Grundstein gelegt, der später für viele eurer Fehlentscheidungen, egal, ob in Beruf, Partnerschaft oder sonstigen Situationen, verantwortlich sein wird. Wer im Laufe seiner Lebensjahre verlernt hat, auf seinen Instinkt zu vertrauen, wird sehr viel leichter als andere zu täuschen sein, welche mit ihren „Eingebungen“ besser umzugehen wissen.

Ob ihr es nun Instinkt, Eingebung, innere Stimme oder wie auch immer nennt - ihr solltet es wieder wecken, wenn es gerade im Begriff ist zu verkümmern! Räumt dieser leisen inneren Stimme wieder öfters Gelegenheit ein, sich bei euch zu „melden“! Das aber erfordert Phasen der Ruhe, denn diese Stimme ist nur schwer zu vernehmen, wenn man den Umgang mit ihr nicht gewohnt ist und vergessen hat, sich diese sanfte Stimme bewusst zu machen. Wobei wir wieder an jenem bereits erwähnten Punkt angelangt wären: Stress und Hektik. Diese unangenehmen Wegbegleiter machen euch auf Dauer gesehen nicht nur Krank, sondern sie verhindern auch, dass ihr Zeit genug findet, um euch auf euch selbst zu besinnen. Intuitive Mitteilungen aber bedürfen nun einmal der Ruhe und Aufmerksamkeit und können durchaus sehr hilfreich sein, indem sie zahlreiche wertvolle Informationen liefern. Diese können euch und eure Zukunft betreffen oder deutlich Missstände anzeigen, in denen ihr euch blind bewegt.

Wer dieser inneren Stimme genügend Aufmerksamkeit schenkt - und zwar regelmäßig und unter geeigneten Voraussetzungen - wird bestätigen können, dass in solchen Momenten viele neue, gute und bereichernde Ideen geboren werden! Wie man dieses oder jenes im Leben verändern kann, wenn man wirklich will und nicht krampfhaft versucht, jene durch das Unterbewusstsein erhaltenen Informationen so zu manipulieren, dass sie wieder in das fest gefahrene, falsche Bild passen, welches man sich mit so viel Mühe zurecht gezimmert hat. Man muss ehrlich sein und auch die nötige Bereitschaft zeigen, diese Informationen so anzunehmen, wie sie sich einem präsentieren.

Die Stimme eures Unterbewusstseins weiß nun einmal sehr genau, was gut für euch ist und wie sich dieses oder jenes erreichen ließe. Sie kann euch verraten, wer euch schaden will und wer es wirklich gut mit euch meint. Sie kann deutlich machen, was ihr besser tun und was ihr besser lassen solltet. Ein ausgeprägter Instinkt verhilft euch normalerweise dazu, Unvollkommenes zu meiden (das können Menschen sein, aber auch Situationen, die euch immer wieder begegnen), und sie hilft euch dabei, das relativ Vollkommene als angestrebtes Ziel zu erkennen.

Aber durch die zahlreichen negativen Einflüsse eurer Umwelt und Mitmenschen wird nun diese intuitive Haltung verfälscht, auf ein Mindestmaß reduziert oder sie verkümmert gar jämmerlich im Laufe der Zeit. Was dann meist übrig bleibt, ist der Rest eines Triebes in euch Menschen, der allerdings wiederum bis zu einem gewissen Grad durch Eindrücke von Seiten der Umwelt beeinflussbar ist. Doch selbst diese niederen, verkümmerten Triebe suchen beinahe verzweifelt nach der Schönheit, der Vollkommenheit! Deshalb tut ihr Menschen einerseits alles dazu, euch Beschränkungen aufzuerlegen, die Seele, Körper und Geist betreffen, um aber andererseits unaufhörlich dagegen zu rebellieren. Ihr fühlt euch unfrei, betrogen, unzufrieden oder werdet unfähig, friedlich in Partnerschaft miteinander zu leben. Für diesen unwürdigen Zustand der Einschränkung macht ihr meist die anderen um euch herum verantwortlich - wie bequem das doch ist. Und wie verlogen! Niemand kann euch ernsthaft eurer Freiheit berauben, wenn ihr das nicht wollt! Doch meist sind es die Menschen selbst, die sich diese Zwangsjacke überstreifen und dann jammern, alles sei so beengend und alles in ihrem Leben mache so unfrei!

Wie widersinnig das in unseren Ohren klingt! Vor allen Dingen dann, wenn man bedenkt, dass beinahe ein jeder von euch diesen kontinuierlichen Zustand der Unzufriedenheit selbst verursacht hat. Zumindest ist das bei den meisten von euch der Fall. Nehmen wir einmal ein gängiges Beispiel, das deutlich machen soll, was wir meinen. Beginnen wir bei jenem Punkt, über den eigentlich jedes menschliche Wesen im Leben zu klagen weiß. Denkt nur an den viel gefürchteten Alterungsprozess! Durch eure regelmäßigen negativen Gedanken, die sich ab einem gewissen Lebensjahrzehnt mit den so genannten Begleiterscheinungen des Alterns und allen nur denkbaren Krankheiten beschäftigen, die nach eurer Meinung dazu gehören. Ihr Menschen befasst euch mit einer erstaunlichen Hingabe mit derartigen Gedanken an Verfall, dass wir beinahe glauben müssen, es sei in euren Augen zwar ein unvermeidliches, aber andererseits dennoch eines der erstrebenswertesten Ziele, welche es für die Dauer eures Erdendaseins zu erreichen gilt!

Statt dessen solltet ihr euch lieber regelmäßig und mit der gleichen Intensität, wie ihr es im negativem Sinne zu tun pflegt, mit positiven Gedanken befassen! Mit Gedanken, die in euch das intensive geistige Bild von jugendlicher Ausstrahlung und enormer Vitalität bis ins hohe Alter entstehen lassen! Das käme durchaus jenen Gedanken nahe, die von Nöten wären, um sich Jungendlichkeit und Gesundheit tatsächlich bis ins hohe Alter zu erhalten.

Solche positiven Gedankenbilder, gepaart mit intensivem Wunschdenken, bergen ein großes Geheimnis in sich! Es ist eine Art Magie, wenn man so will. Auf diese Weise würde man effektvolle Vorkehrungen treffen, welche dem Körper jene Kraft verleihen, sich gegen vorzeitiges Altern und Verfall auf beachtliche Weise zu wehren. Euer Körper ist zwar nur das lebendige Kleid eurer unsterblichen Seele und nicht weniger als Instrument eures Geistes zu sehen, aber deshalb muss dieses „Kleid" noch lange nicht vorzeitig zerfallen. Diese Tatsache solltet ihr euch regelmäßig bewusst machen. Wo steht geschrieben, dass ihr im hohen Alter gebrechlich und unattraktiv sein müsst? Weshalb wollt ihr, wenn eure Uhr hier auf diesem Planeten abgelaufen ist, verbraucht aussehen, runzlig und gebeugt durch Leiden?

Die meisten unter euch lehnen es vehement ab, sich ihrer Umwelt in Lumpen gekleidet zu präsentieren und sich zerbrechlich und kränklich zu zeigen, aber sie tun sehr wenig dafür, sich ihr wertvollstes Gewand, den Körper, möglichst auf natürliche Weise schön und gesund zu erhalten. Sie bedienen sich unzähliger Hilfen, wenn sich erste Zeichen des Alterns einstellen, weil sie sich diese Zeichen des Verfalls regelrecht herbeigebetet haben, und konsumieren Unmengen von Kosmetika, lassen Schönheitsoperationen über sich ergehen, weil sie dem heute geltenden Zeitgeschmack und Schönheitsideal gerecht werden wollen. Sie behängen sich mit Schmuck, teuren Kleidern und schlucken Tausende von fragwürdigen Mitteln und Pillen, die dem fortschreitenden Alterungsprozess entgegen wirken sollen. Doch was nützt das letztendlich? Jene Menschen, die, bedingt durch Alter und Lebenswandel, von unzähligen Wehwehchen und Krankheiten oder anderen undefinierbaren Beschwerden, hervorgerufen von einer falschen Lebensweise, geplagt werden, schlucken Pillen über Pillen in der Hoffnung, sie würden den eigentlichen Ursachen ihrer Beschwerden auf diese Weise zu Leibe rücken können. Sie zeigen sogar Geduld und Ausdauer dabei und jammern in dieser Situation noch nicht einmal über die beachtlichen Kosten, die dabei entstehen.

Auch dieses unermüdliche Bemühen um Schönheit, Jugend und Gesundheit ist in den meisten Fällen ebenso unsinnig wie nutzlos! Wenn man sich schon durch entsprechendes negatives Denken in einen Zustand der Krankheit hinein manövriert hat, dann sollte man jene Pillen, Spritzen und Mittelchen wenigstens mit Bedacht einnehmen und - was noch wichtiger wäre - mit den richtigen Gedankengängen, denn dann bestünde sogar durchaus eine Chance, dass diese wirken!

Ihr sagt meist: „Ich nehme dieses und jenes für oder gegen diese und jene Krankheit." - Das ist falsch! Es wäre hilfreicher, wenn ihr sagen würdet: „Ich nehme dieses Mittel ein zur Verbesserung meiner Gesundheit."

Wortklauberei, glaubt ihr? Ganz gewiss nicht! In dieser Wortwahl besteht ein großer und sehr wichtiger Unterschied! Etwas für eine Krankheit einzunehmen bestärkt den negativen Zustand, etwas einzunehmen für die Gesundheit lenkt in eine positive Richtung! Gegen Medikamente ist alles in allem durchaus nichts zu sagen. Richtig angewandt sind sie sogar sehr sinn- und wirkungsvoll, vorausgesetzt, man ist sich der Tatsache bewusst, dass sie den Körper eigenen Heilungsprozess förderlich in Gang setzen und ihn beschleunigen, nicht um der Krankheit Willen, sondern um Störungen zu beseitigen und die Gesundheit zu aktivieren.

Wir glauben, dass ihr nun begriffen habt, worum es hierbei geht. Doch nun noch einmal zurück zur Geschichte des Alterns.

ÜBER DAS ALTERN

Wir möchten an dieser Stelle einfügen, dass es zweierlei Arten von Altern gibt. Das Altern eurer körperlichen Hülle, welches ihr, wenn sich erste graue Strähnen in eurem Haar und erste kleine Fältchen um Augen und Mund zeigen, meist mit Erschrecken und mit einer entsprechenden Portion Panik registriert. Und dann gibt es da noch das Altern eures Geistes, welches leider nur den wenigsten Menschen unter euch bewusst ist, weil sie sich mit dieser Tatsache seltsamer Weise kaum auseinander setzen.

Das eigentliche Alter eures Geistes habt ihr euch durch unzählige frühere Leben erworben, in Inkarnationen also, die euch unterschiedliche Existenzmöglichkeiten gewährten und euch ermöglichten, euer Dasein auf unterschiedlichen Planeten oder in verschiedenen Dimensionen zu fristen. So reifte der Geist einer alten Seele heran, durch immer wieder neue Inkarnationen bis zu seiner jetzigen Bewusstheitsstufe. Das, was ihr Menschen weitläufig unter „Tod" versteht, ist nichts anderes als das Wechseln der äußeren Hülle, das hinüber Gleiten in die andere Seinsebene und das Warten auf ein neues, körperliches Kleid, dessen ihr euch in einer weiteren Existenz auf einem beliebigen Planeten bedienen könnt.

Je älter und reifer nun der Geist eines Menschen ist, desto größer wird auch seine Fähigkeit sein, seine körperliche Hülle durch den Geist zu beherrschen, ihn vielleicht sogar (mit gewissen Einschränkungen natürlich) nach seinen Wünschen und nach seinem Willen zu formen. Die menschliche Seele bewohnt den Körper, nicht der Körper die Seele! Im Grunde genommen könnten sich viele Menschen dieser spirituellen Macht ihres Geistes bedienen, nämlich all jene, die durch unzählige Inkarnationen eine gewisse Geistesreife erlangten. Mit den gesammelten Erfahrungen aus vorher gegangenen Inkarnationen und dem untrügerischen Wissen um die wahren Hintergründe menschlichen Seins wären sie durchaus in der Lage, sich die längste Zeit ihres Aufenthaltes auf dieser Erde weitaus angenehmer und schöner zu gestalten, als das die meisten Menschen jemals tun. Wie lange könnten doch Menschen schön (oder sagen wir besser: attraktiv) sein, gesund und anziehend wirken, auf sich selbst und auf andere Menschen! Wie leicht wäre es für jene reifen Seelen unter euch, dieses tiefe Wissen, welches in eurem Unterbewusstsein gespeichert ist, im Kreise Gleichgesinnter zu kultivieren! Ihr könntet es regelmäßig in einer Art Meditation zu eurem Wachbewusstsein führen und die eingeschlagene Richtung, die dem Erhalt eurer Hülle und eurer Gesundheit dient, verstärken! Ihr könntet jenen Menschen, die noch gefangen sind im falschen Denken, weil sie noch immer das „Programm des Alterns und der Krankheit" in ihrem Unterbewusstsein tragen, Hilfestellung leisten, indem ihr dieses Wissen in leicht verständlichen Worten an sie weiter gebt, damit auch sie sich dieses Wissens bedienen können und nicht mehr darauf „warten", von Verfall und Krankheit heimgesucht zu werden. So würden viele von euch sich ihre jugendliche Vitalität und Gesundheit erhalten, bis zu jenem Zeitpunkt, an dem sie diesen Planeten wieder verlassen.

Genauso gut, wie man sich jung und gesund denken kann, wird man, durch entsprechend negative Gedanken beherrscht, sich hässlich, krank und schwach fühlen und dadurch enorm an Attraktivität für sich und andere verlieren. Bedauerlicherweise kultivieren die meisten Menschen Gedanken an Alter, Krankheit und den unvermeidlichen Tod. Zumindest tun sie das auf ihre jetzige Existenz bezogen; nach dem Ableben des Körpers wird sich der Geist in der anderen Dimensionsebene wieder an jenes Wissen aller seiner Vorleben erinnern, welches er im Verlaufe unzähliger Daseinsformen gesammelt hat. Dann steht dieses Wissen wieder vollständig zur Verfügung. Und vielleicht entscheiden sie sich dann für das nächste mal, dieses Wissen bewusst mit „hinüber" zu nehmen in die neue körperliche Existenz, die irgendwann nach einem gewissen Zeitablauf ansteht.

Der menschliche Geist kann also seinen Körper und sein Leben beeinflussen. Ob er nun überwiegend positive oder destruktive Gedanken aussendet - sie werden immer einen geeigneten Weg finden, sich zu verwirklichen und sich im Leben des „Senders" zu manifestieren! Seine Wünsche sind Befehle an das Unterbewusstsein, welches ihm zu diensten ist und bestrebt ist, diese Befehle zu realisieren.

Noch etwas sei an dieser Stelle angemerkt. Positive Gedanken kosten nicht annähernd so viel Kraft wie negative Gedanken und werden sich auch nicht langsamer verwirklichen als jene Dinge, die euch nur unnötige Energie kosten und schädigen. Darüber solltet ihr in aller Ruhe nachdenken - es lohnt sich! Deshalb merkt euch gut: Jeder eurer ausgesandten Gedanken sucht sich einen Weg zur Verwirklichung, er will sich realisieren, manifestieren, das kann unvermittelt geschehen oder aber eine gewisse Zeit beanspruchen, bis diese Wünsche zur Realität in eurem Leben werden! Es kommt darauf an, wie oft und intensiv diese Gedanken kultiviert werden und über welche Energien der Träger dieser Gedanken von Natur aus verfügt.

Eine andere gültige, universelle Regel lautet: Jeder Gedanke, jeder Wunsch, speziell jener, der dazu angetan ist, anderen Menschen zu schaden oder andere Menschen in negativer Weise zu beeinflussen, wird ebenfalls nach einem direkten Weg suchen, sich zu verwirklichen. Allerdings wird er sich bei demjenigen manifestieren, der den Wunsch oder den Gedanken geboren hat! So wird jeder intensive negative Wunsch, jeder boshafte, neidische, unfreundliche Gedanke, den ein Mensch in sich hegt (ob gegen sich selbst oder gegen einen Mitmenschen gerichtet) wie ein Bumerang auf ihn selbst zurückfallen. Und das geschieht ohne Ausnahme! Vielleicht wird man sich darüber wundern, weshalb einem das Schicksal wieder einmal auf so üble Weise mitspielt, wo man sich doch weder einer Schuld, noch eines sonstigen, mentalen „Vergehens" bewusst ist und wo man sich doch ohnehin meist in einem Zustand dunkler, unfreundlicher Gedanken und Stimmungen befindet. Vielleicht registriert der eine oder andere dann aber doch irgendwann intuitiv, dass jene Situationen, welche einem widerfahren sind, vielleicht sogar in direktem Zusammenhang mit all den negativen, bösen Gedanken stehen könnten, die man über einen sehr langen Zeitraum hinweg hegte und die man einem anderen Menschen gedanklich zukommen lassen wollte. Spätestens zu diesem Zeitpunkt sollte man damit beginnen, das eigene Denken regelmäßig zu kontrollieren und es in positive Bahnen zu lenken! Damit könnte man den Bann, welcher für alle negativen Lebensumstände verantwortlich ist, ein für allemal brechen.

Negative Gedanken sind einer materiellen Substanz gleichzusetzen, welcher man durch destruktive Gedankenströme Zugang zu seinem Körper gewährt und die dort nicht das Geringste zu suchen hat! Sie ist gleichzusetzen mit einer falschen Überzeugung, welche verantwortlich ist für viele nachfolgende Unannehmlichkeiten im Leben des Verursachers. So warten viele von euch regelrecht darauf, ab einem bestimmten Lebensalter von Krankheit und Zerfall heimgesucht zu werden, denen sie ihrer Meinung nach hoffnungslos ausgeliefert sind. Oder sie warten auf ein Übel, welches sich sicherlich schon bald in ihr Leben schleichen könnte. Andere steigern sich in tiefe Anfälle von Depressionen hinein, weil sie glauben, dies sei ihnen vom Schicksal bestimmt. Mit offenen Augen und innerster Überzeugung stellen sie sich diesen vermeintlichen „Tatsachen". Sie starten niemals den ernsthaften Versuch, sich mit geballter Konzentration und gedanklicher Kraft dagegen zu wehren, um neuen Gedanken Platz zur Verwirklichung zu schaffen, positiven Gedanken, denen sie an Stelle negativer Einflüsse Einlass zu ihrem Unterbewusstsein gewähren könnten.

Weshalb nur glauben so viele von euch, es läge in der Natur, sich solcher Probleme blind ergeben zu müssen? Weshalb nehmt ihr Krankheiten als ein Begleitsymptom des Alterns? Warum glaubt ihr nur, eure Körper müssten ab einem gewissen Lebensalter zwangsläufig unattraktiv werden und euer Geist im Alter erlahmen? Warum beschränkt ihr euer Denken auf destruktive Ergebnisse? Ihr allein seid es, die erkennen müsst, dass in der unerschöpflichen Kraft eurer Gedanken ein bisher unerkanntes Potenzial an positiver Energie brach liegt, welches, effektiv eingesetzt, gegen die Leiden der Zeit angehen könnte und eure Zukunft auf positive Art zu ändern wüsste. Durch eure Unwissenheit habt ihr im Verlaufe vieler Jahrtausende unwahre Behauptungen aufgestellt, nach denen die meisten von euch beinahe verbissen leben, weil sie felsenfest davon überzeugt sind, dieses altüberlieferte Wissen um Krankheit, Schicksalsschläge, Leben, Altern und Tod, liege in natürlichen Gesetzen begründet.

Glaubt uns - das tut es nicht! Es ist ein mehr als verhängnisvoller Irrtum, an diesen negativen Gedanken festzuhalten. Denn gerade dadurch verleiht ihr diesen Gedanken eine beachtliche Portion an Macht über euer Dasein (zumindest in eurer jetzigen Existenzform). Ihr lasst es zu, dass eure Zukunft bestimmt und geprägt wird durch diese negative Denkweise, derer sich beinahe die gesamte Menschheit bedient.

Bedauerlicherweise lacht ihr meist über all jene Menschen, für die diese Gesetze keine Gültigkeit besitzen, weil sie sich anderer Gedankenformen und Methoden bedienen, als sie euch bekannt sind oder derer ihr euch zu bedienen wisst. Ihr verhöhnt jene Menschen, die der Macht ihrer Gedanken vertrauen, die dieses Wissen als ihre Magie anerkennen, die sich dieser Kräfte bewusst zu bedienen wissen. Dabei haben diese Menschen lediglich gültige Zusammenhänge zwischen der bestehenden universellen und der menschlichen Energie erkannt. Wohlgemerkt: Wir sprechen von der ursprünglichen Magie, nicht von einer zur Schau gestellten Zauberei, deren Basis die

Täuschung eurer Sinne ist. Und wir sprechen auch nicht von jenen schwarzmagischen Ritualen, die einzig und allein dem selbstsüchtigen Zweck dienen, die Macht des praktizierenden Magiers zu stärken oder anderen Wesen Schaden zuzufügen. Die Macht der Magie vermag vieles zu bewirken und demjenigen, der sie anzuwenden weiß, erhebliches Wissen und beachtliche Ergebnisse zu vermitteln. Aber was bedeutet Magie für die meisten unter euch, was ist ihr Sinn und Zweck? Bevor man sich hinreißen lässt, darüber vorschnell zu urteilen oder jene zu belächeln, für die Magie noch immer Gültigkeit besitzt, in dieser Zeit, in der altes Wissen um die Kräfte der Natur nebst ihren Elementen kaum noch einen Stellenwert hat, sollte man sich erst einmal bewusst machen, was dieses Wort beinhaltet!

Genau genommen bedeutet die Anwendung magischen Wissens nichts anderes als die Nutzbarmachung natürlicher Elemente und Energien. Bestehende Zusammenhänge der Natur zu erkennen und sich deren Kräfte zu bedienen, ohne die Natur dabei zu schädigen. Es wird daher immer ganz darauf ankommen, welcher Magie sich der jeweilige Anwender bedient. - Wobei wir wieder beim eigentlichen Thema angelangt sind. Positiv eingesetzte Wünsche und Gedanken ziehen positive Ergebnisse nach sich. Negative Gedanken, dem natürlichen Gesetz folgend, gehen einher mit entsprechend destruktiven Ergebnissen.

In eurer noch relativ jungen Zivilisation (aus unserer Sicht ist sie das zweifelsohne) blickt ihr zurück und anerkennt den in euren Augen untrüglichen Wegweiser eurer Ahnen, der euch aber bei näherer Betrachtung nicht viel Gutes bringt: jene bekannte Kette von Ursache und Wirkung, die eingebrannt scheint in euer Unterbewusstsein und die euer Denken mehr als beengt. Sie bestimmt euer Dasein und das, was in eurer Zukunft geschehen wird, geschehen muss, weil ihr so programmiert seid. Die Kette von Ursache und Wirkung muss aber nicht nur negative Begebenheiten beinhalten; man muss nur lernen wollen, die Voraussetzungen für eine Wende zum Guten zu schaffen. Die positiven Dinge längst vergangener Zeiten aber habt ihr seltsamerweise vergessen. ihr habt sie aus eurem bewussten Wissen verbannt, jene Rituale, jenes Wissen, welches seinen Ursprung im Schoß der Natur hat. Dabei wäre das ein sehr nützliches Wissen, das noch dazu dient, eure Natur zu erhalten, eure Umwelt zu schonen, eure Gesundheit zu fördern und euch geistig und körperlich jung zu halten bis ins hohe Alter.

So mancher von euch mag sich vielleicht fragen, weshalb die Zeichen von Alter, Krankheit und Verfall gerade dann unaufhaltsam fortschreiten, wenn man auf gesammelte, schmerzliche Lebenserfahrungen und eine gehörige Portion Weisheit zurückblicken kann und langsam erkennt, dass viele dieser Erfahrungen ins Leben traten, weil man - wenn auch meist unbewusst - alles daran gesetzt hat, diesen Erfahrungen auch tatsächlich Raum zu gewähren. Vielleicht mag der eine oder andere von euch in so einer Situation sogar erkennen, dass man viele dieser Ereignisse regelrecht herbeigedacht oder herbeigebetet hat und so viel Energie darauf verschwendete, sich mit diesen negativen Energieströmen zu verbinden. Zuerst war es vielleicht ein stummer, leiser Gedanke daran, den man mit schöner Regelmäßigkeit hegte wie ein kleines

Kind. Dann folgte darauf vielleicht ein intensives Gespräch mit einem anderen Menschen, dem man unbedingt mitteilen wollte, womit man sich so eingehend beschäftigt. Schon stand die nächste ungeahnte Energie zur Verfügung, die den Wunsch oder Gedanken nährte, ihn stärkte und zur Verwirklichung trieb. So trugen bereits zwei oder mehr Menschen dazu bei, dass dieser Gedankengang sich binnen kürzester Zeit im Leben jenes Menschen zu manifestieren begann, der diesen Gedanken verursachte.

Selbst ein stiller Ruf wird erhört in der Unendlichkeit des Universums! Wie aber dann erst jener Ruf, welcher verstärkt wird durch die Kraft Gleichgesinnter? Jeder Wunsch - egal ob positiv oder negativ - bringt gedacht oder ausgesprochen euch Menschen das Gewünschte unverzüglich näher. Ein leiser Ruf wird sich vielleicht nicht so schnell entfalten, aber auch er geht auf seiner Reise durch die Unendlichkeit des Universums nicht verloren. Ein intensiver Wunsch oder Gedanke wird sich meist schneller entfalten können. Aber bitte beachtet, dass es hierfür keine starren Regeln gibt! Es muss nicht zwangsläufig so sein, dass ein leiser Wunsch sich nur langsam entwickelt und ein intensiver schneller. Es kann sich durchaus auch umgekehrt verhalten, aber die hierfür verantwortlichen Umstände würden ein Buch füllen, wollten wir versuchen, sie euch Menschen einigermaßen verständlich zu machen.

Der Einfachheit halber werden wir von den bestehenden mentalen Normen ausgehen und die rühmlichen Ausnahmen lediglich am Rande erwähnen. Wichtig für euch ist in diesem Zusammenhang: Geistige Funktionen, in eine entsprechende Richtung gelenkt, durch die schweigende Kraft eures Unterbewusstseins, werden sich alsbald kraftvoll in Bewegung setzen, um eurem stummen Befehl zu gehorchen. So verhelft ihr, auch wenn ihr euch dessen bisher nicht bewusst ward, dem Gewünschten zu seiner letztendlichen Form. Mit euren Wünschen, Visionen oder Gedanken von Dingen, Situationen oder Menschen, die ihr begehrt, gewährt ihr diesen Erfüllung und verschafft ihnen Zugang zu eurer eigenen Realität.

So verhält es sich auch, wenn ihr anderen Menschen oder Feinden gezielt schaden wollt oder Situationen herbeidenkt, die anderen Schaden zufügen konnten. Auch sie werden sich zu realisieren wissen, und den direkten Weg zu *euch* selbst suchen - *nicht* zu euren Widersachern. Und ihr werdet euch noch dazu nach eurem Tod für diese Taten zu verantworten haben.

Könnte sein, dass ihr in diesem Falle vielleicht im nächsten Leben abermals vor diese Situation gestellt werdet, damit festgestellt werden kann, ob ihr aus euren einstigen Fehlern gelernt habt. Man wird so lange mit den gleichen Situationen konfrontiert, bis man letztendlich begriffen hat und diese Lektion zufriedenstellend bewältigen konnte. Doch das ist eine andere Sache, denn sie betrifft den Sinn der Wiedergeburt und die Vervollkommnung der menschlichen Seele, die wir hier in diesem Buch nicht besprechen wollen.

Wie auch immer! Es wird keine Rolle spielen, ob ihr durch begangene Fehlentscheidungen natürlichen Irrtümern unterlegen seid oder ob ihr eine Situation völlig bewusst herbeigeführt habt. Ihr selbst werdet dafür zur Verantwortung gezogen, jetzt, in diesem Leben, und danach, durch die herrschenden Gesetze des Universums.

Denkt an die Kette von Ursache und Wirkung! Auch wenn ihr es nicht wünscht - ihr werdet die Empfänger all eurer eigenen Wünsche und Gedanken sein, die einst geboren wurden in eurem Geist!

Natürlich werden sich jene Menschen glücklich schätzen dürfen, denen diese Tatsache bewusst ist und die die Macht ihrer Gedanken für positive Ergebnisse einsetzen. Ein Mensch, der keine negativen, schädigenden Gedanken abschickt, hat sich beste Voraussetzungen für ein erfüllteres und friedlicheres Leben geschaffen.

GLEICHE GEISTER ZIEHEN GLEICHE GEISTER AN

Um es auf einen Nenner zu bringen: Ausgesandte Gedanken verbinden sich mit gleichgesinnter Energie. Menschen ziehen durch ihre überwiegend gehegten Gedanken Gleichgesinnte in ihr Leben. Man wird sich nicht nur in einer Situation wiederfinden, die man durch bestimmte Gedanken selbst verursachte (sie regelrecht herbei gedacht hat), sondern dadurch auch jene Menschen mental ansprechen, welche gleichen Geistes sind. So werden ausgesandte positive Gedanken auch positiv gestimmte Menschen in euer Leben führen und jene, die sich überwiegend mit destruktiven, zerstörerischen Energien beschäftigen, indem sie über alles und jeden negative Gedanken hegen, werden sich im Kreise ebenfalls destruktiver Menschen wiederfinden. Ihr werdet also stets gleiche Elemente in euren Kreis, in euer Leben ziehen, ohne dass es euch bewusst sein muss und ohne dass ihr euch dagegen wehren könnt, wenn ihr euch diese Tatsache nicht regelmäßig bewusst macht! Daher ist es beinahe unerlässlich, dass man seine Zeit sinnvoll zu nutzen weiß und sie mit den richtigen Menschen verbringt. Das wird nicht immer möglich sein, weil ihr ja meist in Verpflichtungen des Alltags eingebunden seid, aber zumindest könntet ihr dafür sorgen, dass ihr eure Freizeit im Kreise positiver und lebensbejahender Menschen verbringt. Aber viele Menschen tun noch nicht einmal das und akzeptieren es widerspruchslos, sich in ihrer Freizeit mit jenen Zeitgenossen zu umgeben, die ihnen weder geistig noch seelisch etwas zu geben wissen. Was hindert euch daran, die Gesellschaft von Seelenverwandten und Gleichgesinnten zu bevorzugen? Weshalb nur, neigen viele Menschen dazu, sich mit jenen zu umgeben, die ihnen vielleicht nicht einmal sonderlich sympathisch sind? Niemand zwingt euch zu solch einem widersprüchlichen Verhalten! Diese Tatsache zu berücksichtigen, oder vielmehr, sie bewusst zu unterbinden wäre wenigstens schon eine der großen Voraussetzungen, sein Leben in befriedigendere Bahnen zu lenken und Raum für Glück, Gesundheit und Erfolg zu schaffen.

Natürlich unterliegt jedes menschliche Wesen regelmäßig auftretenden Stimmungsschwankungen und so werden schon bedingt aus einer solchen momentanen Stimmungslage auch unterschiedliche Menschentypen euren Lebensweg kreuzen und euch die jeweilige Stimmung unbewusst verstärken. Jene also, die sich gerade auf dieser mentalen Schwingungsebene befinden, die der euren sehr ähnlich ist. Ihr solltet daher lernen, unterscheiden zu können zwischen jenen Menschen, deren Grundeinstellung überwiegend von negativen Energieströmen getragen ist, und jenen, die lediglich den natürlichen Schwankungen unterliegen und sich nur ab und zu in destruktiven Phasen befinden. Das erfordert gute Beobachtungsgabe und das Vertrauen in die eigenen Intuition, denn wenn ihr damit beginnt, auf eure innere Stimme zu hören, wird sie euch deutlich wissen lassen, mit welchen Menschen ihr regelmäßig verkehren könnt und welche ihr besser meiden solltet.

Wenn ihr euch gerade in der positiven, aktiven Phase befindet, so ist dagegen nichts einzuwenden, wenn ihr für einen gewissen Zeitraum von jenen umgeben seid, die euch durch entsprechenden Energieaustausch nicht bereichern können. Anders verhält es sich aber zu jener Zeit, in der ihr euch erschöpft, ausgelaugt und in schlechter Stimmung befindet! Hier ist es natürlich nicht sehr förderlich, wenn ihr diese Stimmung noch durch mentale Negativenergie von anderen verstärkt, die nicht nur die wenige Energie, die euch noch geblieben ist, abziehen können, sondern euch auch noch tiefer in Depression, Übellaunigkeit oder Aggression stoßen.

Falls ihr nun glauben solltet, dagegen könntet ihr nichts unternehmen, weil wir euch ja selbst erklärten, dass ihr, eurer jeweiligen Stimmung entsprechend, Menschen gleicher Stimmung in euer Leben zieht, so ist diese Annahme eurerseits falsch! Ihr könnt sehr wohl etwas dagegen unternehmen! Wichtig hierbei ist: Ihr müsst euch unbedingt eure momentane Verfassung bewusst machen! Das tun leider die wenigsten Menschen.

Wenn ihr erkannt habt, in welchem Energiezustand ihr euch befindet - gehen wir vom Beispiel der Passiv- oder Negativphase aus -, so solltet ihr so weit als möglich jene Menschen meiden, die eure Negativphase verstärken könnten, oder achtet zumindest darauf, dass ihr diese Menschen nur für jene Zeit um euch habt, für die es unbedingt notwendig ist. Befasst euch während der Dauer ihrer Gesellschaft mit entsprechenden mentalen Gedanken und befehlt eurem Unterbewusstsein nichts anzunehmen von deren Energien! Oder wendet jene mentale Technik an, die wir euch noch erklären werden. Sie wird euch auch in solchen Stunden zu schützen wissen, entweder vor weiterem Energieverlust oder aber, sie wird verhindern, dass sich eure negative Phase verstärkt.

Aber noch besser in einer solchen Situation wäre folgendes: Sucht euch bewusst die Gesellschaft fröhlicher, ausgeglichener Menschen und falls es sich in dieser Zeit nicht realisieren lässt, so bleibt lieber allein! Zieht euch zurück in eure vertraute Umgebung! Schafft euch eine angenehme Atmosphäre! Beschäftigt euch mit angenehmen Dingen, natürlich unter Berücksichtigung, dass ihr in dieser Phase Erholung braucht, um eure „Batterie“ neu zu laden! Vermeidet Kräfte zehrende Aktivitäten! Es sei denn, ihr lebt in einer harmonischen Partnerschaft und könnt euch in dieser Phase völlig konzentriert dem Partner widmen! Liebe (natürlich auch die körperliche) vermag negative Energien und Spannungen binnen kürzester Zeit abzubauen! Sie vermag den geistigen, seelischen wie auch den körperlichen Energiekanal in eine sehr positive Richtung zu lenken. Auch das ist vielen Menschen nicht unbedingt bewusst.

Allerdings ist es nicht ratsam, wenn ihr in eurer negativen Phase Sex mit jemandem habt, der euch weder geistig noch seelisch anspricht, sondern nur dazu dient, eure körperlichen Bedürfnisse zu befriedigen. In solch einem Fall würde genau das Gegenteil dessen geschehen, was wir zuvor geschildert haben. Ihr würdet euch danach noch unzufriedener und unausgeglichener fühlen als zuvor, denn diese Art von Sex wirkt nicht bereichernd, sondern verstärkt lediglich euren negativen Energiestrom. Das gilt auch für jene Menschen, die mit einem Partner zusammenleben, der sich von der

Grundeinstellung und von den geistigen und seelischen Wellenlängen grundlegend unterscheidet. Auch in dieser Konstellation wird die körperliche Liebe für den geistig höher Entwickelten oder für jenen, der sich überwiegend in positiver Grundeinstellung befindet, von Nachteil sein, weil er den negativen Energiestrom des Partners während der körperlichen Liebe sehr stark absorbiert. Hier wird der positive Energiestrom, dem negativen unterliegen. Achtet einmal ganz bewusst darauf, wenn ihr euch in einer solchen Situation wiederfindet! Ihr werdet sehr leicht feststellen können, wie wenig tief dieses Erlebnis geht, und ihr werdet sicherlich auch bemerken, wie wenig „beteiligt" die Seele - euer Geist - dabei bleibt und dass ihr euch nicht sonderlich glücklich dabei fühlt.

Beherzigt jene Ratschläge, wenn ihr es wollt! Sie werden euch helfen können, Körper und Geist zu stärken. Sie wirken motivierend und sind dazu angetan, euer seelisches, körperliches und geistiges Gleichgewicht wieder herzustellen.

Nun werden sich einige unter euch vielleicht fragen: „Wie verhält es sich mit einem guten Freund, der, genau wie ich selbst, sich gerade im Zustand der Negativphase befindet, der aber meiner Hilfe dringend bedarf? Soll ich ihn jetzt etwa abweisen, weil er mich vielleicht noch zusätzlich meiner Energie beraubt oder meine ohnehin negative Stimmung noch verstärkt? Falls ich mich diesem Menschen aber trotzdem widmen möchte, obwohl es mir selbst gerade nicht gut geht, kann ich ihm in dieser Situation tatsächlich wertvolle Unterstützung bieten? Und wie verhält es sich, wenn ich mich selbst in einer Aktiv- also Positivphase befinde und von Menschen aufgesucht werde, die mit Problemen belastet sind. Ziehen sie mich mit hinein ihn ihre Negativphase?

Dazu lässt sich folgendes sagen. Natürlich ist es nicht sehr menschlich, einem Hilfe Suchenden in dieser Situation vor den Kopf zu stoßen und ihn unverrichteter Dinge wieder zu verabschieden. Das verlangt auch niemand von euch. Wenn wir sagten, meidet die Masse und Menschen, die euch eure Energie aussaugen, so meinten wir in erster Linie fremde Menschen, jene, denen man auf der Straße begegnet, in Lokalen, auf großen, gut besuchten Plätzen usw. Sie sind im Grunde genommen diejenigen, die mit geballter Kraft eure noch vorhandene Restenergie aufzehren oder eure negative Stimmung verstärken. Die Masse wirkt nun einmal mit enormen Kräften auf euch ein und leider sind es meist negative Schwingungen, die von der Masse der Menschen ausströmen. (Weshalb die Masse der Menschheit sich überwiegend in einem negativen Energiezustand befindet, werden wir euch später noch erklären).

Wenn ihr euch nun in Gesellschaft guter Freunde und Bekannter bewegt, die sich gerade im Zustand der Negativ- oder Passivphase befinden, so könnt ihr euch durchaus vor einem weiteren Energieverlust eurerseits schützen. Schirmt euch gedanklich ab! Gebt eurem Unterbewusstsein den Befehl, nichts von dieser negativen Energie eurer Gesprächspartner aufzunehmen! Es funktioniert! Ihr müsst es euch nur bewusst machen. Im Kreise Gleichgesinnter, die dem gleichen Gedankenstrom angehören wie ihr und die sich ja nicht *immer* in diesem negativen Energiestrom bewegen, sondern nur momentan auf einer niederen Frequenz schwingen, ist dieser mentale „Schutzmechanismus" ebenso angebracht wie unter Fremden. Dabei solltet ihr kein schlechtes

Gewissen haben, denn ihr müsst nun einmal dafür sorgen, dass ihr nicht auch noch in dieses Seelentief hinein gezogen werdet. Und wie wollt ihr diesem Freund oder diesen Freunden sonst Hilfestellung bieten? Ihr könnt sicherlich nicht helfend eingreifen, wenn ihr bereits nach kürzester Zeit ebenfalls damit beginnt, euer Leben Grau in Grau zu sehen, oder euch plötzlich schwächer und ausgelaugter fühlt.

Ihr könnt eure Freunde in einer solchen Situation selbstverständlich stützen und ihnen dabei behilflich sein, diesen negativen Zustand sehr viel schneller als sonst zu überwinden, indem ihr sie unterrichtet, ihnen genau erklärt, weshalb man immer wieder einmal in diese negative Phase abrutscht, in der das Leben weniger lebenswert erscheint als sonst. Ihr könnt ihnen vielleicht auch von eurem neu erworbenen Wissen erzählen, welches dazu beiträgt, diese Situationen künftig besser zu meistern, ihnen bewusst entgegenzuwirken. Klärt sie darüber auf, wie leicht es im Grunde genommen auch für sie sein könnte, mit diesen Passiv- oder Negativphasen bewusster umzugehen und die Aktiv- oder Positivphase sinnvoller zu nutzen! So könnten auch diese Menschen künftig jene positiven Phasen besser nutzen, um ihre Ziele leichter und schneller zu erreichen, und würden daher vielleicht auch leichter akzeptieren lernen, dass es nun einmal regelmäßig wechselnde Stimmungsschwankungen bei jedem lebenden Wesen gibt. Vielleicht findet sich in solch einer negativen Phase sogar Gelegenheit, diesem erschöpften, unglücklichen oder aggressiv gestimmten Freund zu einem gemeinsamen Spaziergang durch die unzähligen Schönheiten der Natur einzuladen, anstatt mit diesem Freund (vielleicht wie so oft schon zuvor) einen jener viel besuchten Plätze aufzusuchen, wo man sicherlich jede Menge negativ gestimmter Menschen begegnen wird. Das kann man genauso gut auch in jener Zeit tun, in der sich beide stark und ausgeglichen fühlen. Versucht diesen Freund lieber auf andere, ruhigere Weise aus seiner trüben Lethargie heraus zu reißen! Man muss ja nicht unbedingt zu einem Marathonlauf starten, wenn man beschließt, hinaus in die Natur zu gehen. Weniger ist in diesem Falle sicherlich mehr! Zeigt diesem Menschen eure Lieblingsplätze, lenkt ihn ab, indem ihr ihm verschiedene Dinge zeigt, die euch selbst interessant erscheinen. Oder genießt miteinander das gemeinsame Schweigen, das durchaus nichts Trennendes an sich haben muss! Auch Schweigen kann in manchen Situationen verbindend sein und getragen von tiefem Verständnis füreinander. Lasst eure Intuition entscheiden, was für diesen Menschen, diesen Freund gerade das Beste sein könnte. Helft euren niedergeschlagenen, erschöpften Freunden, indem ihr ihnen von positiven, aufheiternden Dingen erzählt. Oder vielleicht ist es auch sinnvoll, gemeinsam angenehme Musik zu hören, welche entspannend wirkt und eure Seele streichelt. Motiviert sie durch verständnisvolle Gespräche, hört euch an, was sie euch zu sagen haben, aber ohne in das gleiche trübe Horn nichts bringender Jammerei zu stoßen, wie sie es in dieser Situation so gerne zu tun pflegen. Denn sonst gewinnt diese negative Stimmung überhand auch bei euch und damit wärt ihr genau dort angelangt, wo ihr nicht hin wolltet.

Baut sie wieder auf, stabilisiert sie, wenn ihr euch stark genug dazu fühlt, indem ihr ihnen von neuen, lohnenden Wegen erzählt, von der Möglichkeit einer schöneren und angenehmeren Arbeit oder einer besseren, verständnisvolleren Liebe, welche sicherlich irgendwo dort draußen im Leben auf sie wartet. Je nach dem, mit welcher Art von Problem sie zu euch kamen und welche Art von Hilfe ihr ihnen in dieser Situation anbieten könnt. Reicht ihnen geistig die Hand, aber nicht beide Hände, denn sonst könntet ihr allzu leicht den Überblick verlieren! Und gebt konzentriert darauf Acht, dass ihr euch nicht im Verlaufe der Stunden in den schleichenden Strudel ihrer Depression ziehen lasst, falls ihr euch gerade selbst in der Passivphase eures Stimmungsbarometers befindet!

Aber bitte merkt euch gut: Meidet so weit es geht fremde, nicht vertraute Menschen, wenn es euch selbst nicht gut geht. Ihr werdet in einer negativen Phase nicht so klar beurteilen können wie sonst, von welcher Art von Energie diese Fremden um euch herum gerade umgeben sind. Diese Fremden aber werden sehr wohl erkennen (unbewusst, intuitiv), dass ihr gerade angreifbar, erschöpft und leicht auf ihre negative Frequenz einstimmbar seid. Sie werden diese Situation unschwer orten und sehr gezielt fühlen, wie sie sich euren geistigen Zustand nutzbar machen können. Und ihr, die ihr in diesen Momenten nicht robust genug seid, euch dagegen zu wehren, ihr werdet diesen Energiesaugern schutzlos ausgeliefert sein, falls ihr euch gegen sie nicht zu schützten wisst.

POSITIVE UND NEGATIVE MENSCHENTYPEN

Um euch die unterschiedlichen Menschentypen ein wenig bildhafter darstellen zu können, welche den verschiedenen Energieströmen unterliegen, haben wir sie in verschiedene Charaktere unterteilt und ihre besonderen Merkmale erklärend mit aufgeführt. Danach unterscheiden wir vier Menschentypen, die und deren Beziehungen zu den jeweils gleichartigen wie anderen Menschentypen wir im folgenden kurz skizzieren wollen.

MENSCHENTYP A

Lebenseinstellung/Grundeinstellung ist überwiegend positiv, ist sehr oft in Aktivphase, verfügt über ausreichende Positivenergieströme, befindet sich relativ selten in Passivphasen, absorbiert kaum Negativenergie von anderen. Wirkt stark, meist energisch und ist sich seiner Stellung im Leben bewusst. Hat eine gute Konstitution, neigt aber dazu seine Gesundheit über die Maßen zu strapazieren, weil dieser Mensch sich zu wenige Erholungspausen gönnt. Berufliche Stellung wird häufig überbewertet und entsprechend wird er seine vorhandene Energie meist für den beruflichen Erfolg einsetzen. Er möchte auf der Leiter des Erfolges immer noch eine Stufe höher klettern. Dieser Mensch ist meist großzügig und loyal und durchaus bereit, anderen, weniger gut gestellten Mitmenschen gewisse Hilfestellungen zukommen zu lassen. Er liebt die Bewegung und sucht sehr gerne den Wettkampf, um sich zu bestätigen.

MENSCHENTYP B

Lebenseinstellung/Grundeinstellung ist überwiegend negativ, daher befindet sich dieser Mensch sehr oft in Passivphasen! Er „bedient" sich die meiste Zeit seines Daseins herrschender negativer Energieströme, die zweifelsohne in reichlicher Überzahl in seinem Umfeld vorhanden sind. Natürlich ist ihm meist nicht bewusst, dass er auf jene schädliche universelle Energiefrequenz eingestimmt ist. Er weiß auch nicht darüber Bescheid, dass er der eigentliche Verursacher seiner schwierigen Lebenssituation ist, denn seine Intuition ist weitgehend verkümmert. Würde er sich der Stimme seiner Intuition bewusst, so könnte er wieder lernen zu entscheiden, was gut ist für ihn und was nicht. So aber ist er gefangen in dem Glauben, dass er weder der Verursacher seiner Situation ist, noch diesem Umstand entrinnen könnte, auch wenn er es wollte. Er weist die Schuld seiner Unzulänglichkeit anderen Menschen zu, macht sie verantwortlich für sein Verhalten und seine Lebensumstände.

Es gibt aber auch Menschen von Typ B, welche sich sehr bewusst sind, dass sie sich negativer Energieströme bedienen! Sie können sich, wenn sie es wollen, bewusst diesem Energiestrom „anschließen“ und sich diese negativen Energien nutzbar machen, z. B. für kriminelle oder schwarzmagische Zwecke.

Auch bestimmte Formen von Geisteskrankheiten sind auf einen kontinuierlichen negativen Energiestrom zurückzuführen, doch sind diese bedauernswerten Menschen nicht selbst für diesen Zustand verantwortlich, wobei es natürlich auch hierbei Ausnahmefälle geben kann. Missglückte schwarzmagische Rituale beispielsweise, Besessenheit durch Wesen anderer Bewusstseinsebenen und andere ähnliche Ausnahmen, die alle auf einen Missbrauch dieser negativen Energieströme zurückzuführen sind, egal nun ob durch Selbstverschulden oder verursacht durch Einwirken anderer.

Doch nun zurück zum Normalfall von Typ B. Dieser Mensch befindet sich leider relativ selten in bereichernden Aktivphasen und wenn, dann werden sie ohnehin kaum sinnvoll genutzt. Schon deshalb nicht, weil dieser Mensch seine Aktivphase nicht erkennen kann - oder will. Typ B absorbiert von anderen Mitmenschen beiderlei Energieströme, negative wie positive, wobei er positive Energien anderer meist sofort wieder in Negativenergie umsetzt und dadurch seinen wenig wünschenswerten Zustand verstärkt. Allerdings ist ihm das so wenig bewusst wie den meisten anderen auch.

Dieser Mensch verliert sich gerne in destruktiven Tagträumen, in denen er Gelegenheit findet, sich gedanklich auszuleben. Vorzugsweise wird er sich den Kopf darüber zermartern, weshalb ausgerechnet er vom Schicksal so benachteiligt wird! Und er wird wie schon so oft zuvor zu dem Entschluss gelangen, dass sicherlich auch die Zukunft keine Verbesserungen für seine Lebenssituation bereithält. Damit schafft er sich beste Voraussetzungen dafür, dass sich in seinem Leben tatsächlich nichts Positives manifestieren kann. Er betrachtet das Leben als einen ungleich geführten Kampf, aus dem stets er als großer Verlierer hervorgeht. Dieser Mensch fühlt sich in beinahe allen Situationen benachteiligt, erst recht dann, wenn er sich mit erfolgreichen Mitmenschen vergleicht. Nicht schwer zu erraten, dass er von Gefühlen des Neids und der Aggression getragen wird.

Da sich dieser Mensch ein Gefängnis aus einem Knäuel destruktiver Gedanken geschaffen hat, vermag er sich aus eigener Kraft kaum aus diesem Teufelskreis heraus zu bewegen. Denn das würde erfordern, dass er sich regelmäßig mit positiven Gedanken beschäftigt und zielgerichtete, positive Aktivitäten in sein bisheriges Leben integriert. Doch wie sollte ihm das gelingen, wo er doch jede Anstrengung tunlichst meidet? Er fühlt sich oft depressiv und wird sich daher der Ausrede bedienen, zu schwach zu sein, um seinem Leben eine positive Wende zu geben. Das hat zur Folge, dass dieser Mensch meist schon in jungen Jahren anfällig ist für Beschwerden und Störungen psychischer und physischer Natur.

Berufliche Ziele lassen sich dadurch noch weniger verwirklichen, weiß er doch ohnehin nicht so recht, was er eigentlich möchte. So verkümmern seine natürlichen Begabungen und Anlagen nach und nach immer mehr.

MENSCHENTYP C

Seine Lebenseinstellung ist kontinuierlich schwankend zwischen positiven- und negativen Energieströmen. Die Aktivphase dieses Menschen kann völlig unvermittelt und spontan zur Passivphase überwechseln. Das geschieht meist ohne erkennbaren Grund für den Betroffenen selbst und schon gar nicht werden seine Mitmenschen wissen, was die Ursachen für diesen plötzlichen Sinneswandel sind.

Typ C wirkt meist recht freundlich und umgänglich und irgendwie Schutz bedürftig. Er hat ein offenes Ohr für andere, ist meist sogar überdurchschnittlich kreativ und neigt dazu, viele Dinge gleichzeitig zu beginnen - um sie dann kurzerhand wieder unvollendet beiseite zu legen. Er mag sich nicht gerne festlegen und braucht einerseits das Gefühl von Geborgenheit, andererseits ist er auf einen großen Freiraum bedacht. Er zeigt sich begeisterungsfähig, scheut aber auch nicht davor zurück, die Meinung anderer als seine eigene zu verkaufen.

Typ C absorbiert Energieströme anderer unverzüglich und setzt sie augenblicklich um, jeweils in jene Stimmungslage, in der er sich gerade befindet. Das hat zur Folge, dass dieser Mensch seine augenblickliche geistige und körperliche Lage sofort nach „Bedarf“ verstärken kann.

MENSCHENTYP D

Seine Lebenseinstellung ist ausgeglichen. Es findet ein harmonischer Wechsel von ausreichender Aktivphase zu erholsamer Passivphase statt. Absorbiert überwiegend positive Energieströme, welche seine Aktivphasen fördern. Weiß sich intuitiv vor negativen Energieströmen zu schützen, weil er sich meist schon in jungen Jahren mit jenen Lehren befasst, die ihm helfen, seine angeborenen Fähigkeiten entsprechend zu entwickeln, sie wieder zu erwecken. Deshalb wird dieser Mensch spätestens nach Ablauf seiner ersten Lebenshälfte seine eigentliche spirituelle Aufgabe erkannt haben und wird ab diesem Zeitpunkt alles daran setzen, seiner Bestimmung zu folgen. Selbst wenn das bedeuten mag, dass er nun eine völlig andere Richtung einschlagen muss, um dieses angestrebte Ziel zu verwirklichen. Häufig fühlt er sich berufen, seinen Mitmenschen oder besser gesagt Hilfesuchenden neue Wege aufzuzeigen. Ob diese Wege nun dazu beitragen, den Betroffenen zu einem sinnvollerem Leben zu verhelfen, eine Verbesserung ihrer Gesundheit zu bewirken, oder ob dieser Weg dazu gedacht ist, den aus dem Gleichgewicht geratenen Seelenfrieden wieder herzustellen, kommt ganz darauf an, welche der beruflichen Möglichkeiten Typ D für sich gewählt hat. Aber zweifelsohne wird dieser Mensch einen Beruf, ein Betätigungsfeld gewählt haben, in dem er seine bemerkenswerten Fähigkeiten und seine unleugbare Weisheit sinnvoll einsetzen kann. Er liebt die Menschen und kann ihnen schon deshalb so vieles geben, sie aufrichten, ihren Schmerz lindern, ihnen Vertrauen in die Zukunft schenken. Und er vermag ihnen geheimes, verloren geglaubtes Wissen nahe zu bringen wie kein anderer! Man sollte die Nähe dieser alten Seelen suchen!

PARTNERSCHAFTEN UND FREUNDSCHAFTEN ZWISCHEN DEN TYPEN

Typ A trifft auf Typ A: Eine wünschenswerte, positive Verbindung, egal ob in Freundschaft oder enger Partnerschaft. Man bedient sich in dieser Konstellation ein- und derselben Sprache, denn die Grundeinstellung dieser Menschen ist sich sehr ähnlich. Deshalb herrscht auch starke geistige, körperliche und seelische Übereinstimmung. Gute Erfolge werden erzielt und man könnte durchaus auch berufliche gemeinsame Ziele anstreben. Hier findet ein gesunder Austausch von identischer Energie statt, die motivierend und stützend wirkt. Man beflügelt sich gegenseitig zu lobenswerten Taten und der Erfolg wird kaum lange auf sich warten lassen. Langeweile wird ein Fremdwort bleiben in dieser Verbindung, selbst wenn sie Jahrzehnte andauert. Man wird sich respektieren und Verständnis für einander zeigen und keiner von ihnen wird versuchen, den anderen in seinem Freiraum zu beschneiden. Man begegnet sich mit Ehrlichkeit und jeder weiß sehr genau, wie glücklich man sich in dieser Partnerschaft/Freundschaft schätzen kann.

Typ A trifft auf Typ B: Typ A kann positiv verstärkend wirken auf Typ B. Voraussetzung hierfür sind regelmäßige Kontakte und intensive Gespräche. Dauerhafter Erfolg für eine verbesserte Lebensqualität für B wird sich aber nur dann einstellen können, wenn dieser sich aufgeschlossen zeigt für positive Veränderungen und wenn er geistig/mental „mitarbeitet" und die Ratschläge befolgt, die ihm von A erteilt werden. Finden sich zwei Menschen dieser Konstellation in einer Liebesbeziehung wieder, so mag anfangs sogar eine heftige, körperliche Anziehungskraft bestehen, weil hier gegensätzliche Pole aufeinander treffen. Das übt starke sinnliche Reize aus, die aber auf Dauer nicht lange aufrecht erhalten werden können, weil Liebe (oder besser gesagt, was diese beiden Menschen in dieser Situation als Liebe bezeichnen) bekannterweise nur für eine gewisse Zeit „blind" machen wird, spätestens dann, wenn man sich der unüberwindbaren Unterschiedlichkeit der Charaktere bewusst wird (das werden beide registrieren) und die Nähe des anderen als bedrückend empfindet, weil sich dieser wieder einmal in der düsteren Wolke der Depression verschanzt hat (das wird Typ A so empfinden).

Typ A trifft auf Typ C: Typ A wirkt positiv verstärkend auf Typ C ein, denn, völlig seiner Natur entsprechend, passt sich C einem Chamäleon gleich der jeweiligen Stimmungslage seines Partners an. Befindet sich Typ A in der aktiven Positivphase, so wird es nicht lange dauern und auch Typ C wird plötzlich wieder aktiv und positiv gestimmt sein. Befindet sich A in der negativen, Passivphase, so wird C keinen Anstoß daran nehmen, aber auch nicht behilflich sein können, um A aus dieser Stimmung heraus zu helfen. A wird sich kaum von C in dessen trübe Stimmung reißen lassen, weil er (A) von Natur aus zu jenen Menschen gehört, deren Grundeinstellung optimistisch, lebensbejahend ist.

Eine Partnerschaft oder Freundschaft in dieser Konstellation wäre für Typ C sehr zu begrüßen, wobei Typ A lernen muss, dass die Stimmungen seines Partners/Freundes wechseln können wie das Wetter im April. Und A wird außerdem lernen können, dass es sich sehr wohl lohnt, die labile Persönlichkeit des anderen zu stabilisieren, Wege aufzuzeigen, die den wankelmütigen Typ C in eine positivere Richtung lenken werden, wenn Typ A die hierfür nötige Geduld aufbringt. Da ihm Ausdauer und Geduld nicht unbedingt in die Wiege gelegt wurde, findet er nun Gelegenheit, dieses in ihm herrschende Defizit auszugleichen, und so gesehen profitiert letztendlich auch er von dieser Partnerschaft. Er lernt das großzügige Geben, ohne dass er diesmal dafür in Form von materiellen Werten entlohnt wird, wie das sonst bei ihm der Fall ist.

Vielleicht begleitet Typ A bereits eine entsprechende Position im Berufsleben, die ihm ermöglicht, Typ C zu protegieren und sein mangelndes Selbstwertgefühl dadurch erheblich zu verbessern. Typ C würde sich auf seine Art und Weise dankbar zeigen, indem er vielleicht nun völlig unerwartet damit beginnt, sein neu entdecktes Selbstwertgefühl entsprechend in seiner Arbeit einzubringen und die ihm übertragenen Aufgaben mit großem Eifer und eben solcher Gewissenhaftigkeit erledigt. Er braucht die Bestätigung wie kaum ein anderer und er möchte seine Mitmenschen nicht enttäuschen. Er wird deshalb demonstrieren wollen, dass es durchaus lohnend ist für jenen Menschen der auf ihn baut und ihm das nötige Vertrauen schenkte, indem er ihm Verantwortung übertrug.

Vielleicht mag es Typ C mit dem neu erworbenen Selbstvertrauen, das ihm A zurück brachte, sogar gelingen, sein sonst so Besitz ergreifendes Wesen unter Kontrolle zu halten. Denn letztendlich liegt dieses Klammern an anderen Menschen, dieser „Besitztrieb", in seiner Vergangenheit begründet, in der irgend ein anderer Mensch die Entwicklung seines Selbstvertrauens unterband oder gänzlich zerstörte. Wenn C es tatsächlich geschafft hat, diese Charaktereigenschaft in den Griff zu kriegen, dann wird er A kaum noch in die Flucht schlagen können.

Typ A trifft auf Typ D: Mit Typ D verbindet diesen Menschen eine tiefe, seelische Harmonie und er wird, wann immer er das möchte, einen Blick hinter die Kulisse allen Seins werfen und dadurch seinen Geist von jenen auferlegten Dogmen dieser schnelllebigen Zeit befreien können, die ihn unfrei machten. Typ D wird ihn außerdem ohne jeglichen Zwang dabei auszuüben lehren, sich seiner Seele, seiner spirituellen Seite bewusst(er) zu werden, und dadurch wird es ihm leichter gemacht, seine eigentliche Lebensbestimmung zu finden und ihr zu folgen.

Typ A wird dadurch erkennen, dass es noch andere, ebenfalls lohnende Ziele im Leben eines Menschen gibt, als immer nur hinter Gewinn bringenden Erfolgen her zu jagen, ohne Rast und Ruhe. Sobald er sich dieser Tatsache bewusst ist, wird er die Phasen der Ruhe als wertvolles Geschenk annehmen und sie entsprechend genießen können, ohne dabei, wie das sonst bei ihm der Fall war, nervös bei dem Gedanken zu werden, dass er seine freie Zeit völlig „sinn- und nutzlos“ verstreichen lässt, nicht „produktiv“ handelt. Sein Leben erscheint ihm nun durch diese Erkenntnis reicher und sinnvoller und er wird all das Schöne um sich herum mit anderen Augen wahrnehmen, bewusster.

Zwar fehlte es ihm bisher nicht an Tiefgang in seinem Denken und Handeln, aber meist nahm er sich nicht genügend Zeit, all jene Dinge, welche den Geist und die Seele eines Menschen erfreuen, tatsächlich auch intensiv wahrzunehmen, sie zu „ergründen“. Er wird sich nun nicht mehr ausschließlich mit der Welt des Materiellen befassen, sondern sich auch der spirituellen Ebene mit gebührender Aufmerksamkeit widmen.

Aber auch der Mensch von Typ D profitiert von dieser Verbindung, und zwar in recht unterschiedlicher Weise. Zum einen wird ihm bewusster, dass man sich nicht ausschließlich mit der geistigen Welt befassen muss, um glücklich zu sein, sondern dass es noch andere Annehmlichkeiten im Leben eines Menschen geben kann, die ebenfalls befriedigend auf Seele und Geist wirken. Es ist schließlich nicht unangenehm, wenn man sich (mehr als vorher) materielle Wünsche erfüllen kann, und er wird nun deutlich erkennen, dass es durchaus nichts Verwerfliches hat, in einem gewissen Wohlstand zu leben. Je mehr an materiellen Gütern zur Verfügung stehen, desto mehr kann man diesen Wohlstand mit anderen Menschen teilen! Das war ohnehin immer ein still gehegter Wunsch dieses Menschen, doch da sein Naturell nicht unbedingt nach Macht und Geld strebte, hatte er meist auch nicht mehr als nötig zu seiner Verfügung.

Sein geschäftstüchtiger, erfolgreicher Partner vom Typ A bietet ihm so gesehen nicht nur ein sorgenfreies Leben, sondern wird ihm auch zeigen können, dass sich materielle Dinge und materielles Denken, sehr wohl sinnvoll mit einer spirituell ausgerichteten Denkweise verbinden lassen. Das war für Typ D bisher nicht unbedingt miteinander vereinbar, aber er wird damit sicherlich gut umzugehen und diese neue Möglichkeit der finanziellen Freiheit entsprechend einzusetzen wissen. Es gibt für den aufmerksamen Betrachter immerhin genügend bedürftige Wesen, die auf die Hilfe anderer angewiesen sind.

Wobei wir beim wichtigsten Punkt dieses Menschen angelangt wären. Hier ist Typ D in seinem „Element“, denn seine Seele strebt danach, anderen zu helfen, sich in den Dienst seiner Mitmenschen zu stellen. Die in ihm wohnende, sehr weit entwickelte Seele, die es sich ohnehin zur Aufgabe gemacht hat, andere Menschen, die sich seiner Weisheit nicht verschließen und die sich bereit erklären, sein Wissen anzunehmen, zu den Wurzeln ihrer selbst finden zu lassen. Jene Menschen, die es zulassen, wird D dem wahren Sinn des Lebens näher bringen, indem er sie geduldig darüber aufklärt, ihre Fragen beantwortet und Verständnis zeigt für alle menschlichen Belange und Schwächen.

Dieser Mensch wird niemals müde, sich für andere zu engagieren, und nun wird er hierbei durch Typ A in seinem Tun bestärkt und unterstützt. Dadurch wird diesem Partner/Freund von Typ D ermöglicht, sich im Verlaufe seines jetzigen Lebens gute Voraussetzungen für die Weiterentwicklung seiner Seele zu schaffen. Diese wird durch ihre sozialen Aktivitäten, ihre Anteilnahme an den Problemen anderer vielleicht sogar die nächsthöhere Stufe ihrer Vervollkommnung erreichen, auch wenn ihr das zu Lebzeiten nicht unbedingt bewusst ist.

Das wiederum empfindet die Seele von Typ D als große Bereicherung, auch für sich selbst, denn sie beurteilt bestimmte Situationen des Erdendaseins als einen wichtigen Part des großen Ganzen, der Einheit allen Seins. Sie weiß ja um den wahren Hintergrund menschlicher Existenzen ein wenig besser Bescheid als jene jungen Seelen, die erst noch unzählige Inkarnationen durchlaufen müssen, um den eigentlichen Sinn von Leben, Tod und Wiedergeburt zu begreifen. Ihr aber ist es - in ihrer jetzigen Daseinsform - wieder einmal gelungen, einer anderen Seele den Weg zu zeigen, und das bestärkt sie in ihrem Glauben, dass es durchaus sinnvoll ist, sich mit dem Seelenleben anderer zu beschäftigen und sie ab und zu über die Grenzen des Lebens hinausblicken zu lassen

Typ B trifft auf Typ A: Typ B wird negativ verstärkend auf Typ A einwirken können, wenn dieser sich gerade selbst in seiner natürlichen Passivphase befindet oder aber, wenn diese beiden Menschen regelmäßige Kontakte und Gespräche pflegen, wie das beispielsweise in einer partnerschaftlichen Beziehung der Fall ist und wenn A durch berufliche Probleme besonders belastet ist. Allerdings wird Typ A meist stark genug sein, sich von Typ B keinen dauerhaften Schaden in seiner positiven Grundeinstellung zufügen zu lassen.

Typ A mag sich vielleicht anfangs von der Andersartigkeit seines Partners/Freundes angezogen fühlen, weil er glaubt, man könne dessen negative Lebenseinstellung mit etwas gutem Willen und Geduld ändern. Aber auf Dauer wird ihn das Verhalten von Typ B regelrecht in die Flucht schlagen, spätestens dann, wenn er bewusst registriert, dass seine Bemühungen nicht fruchten. Dann wird Typ A damit beginnen, Ausschau nach „Ersatz“ zu halten, denn er wird das Gefühl haben, dass dieser „Klotz“ am Bein, sehr hinderlich ist und wenig produktiv für sein eigenes Leben.

Typ B mag sich daraufhin schmollend zurückziehen oder aggressiv auf den Rückzug von Typ A reagieren, obwohl auch er sich nicht sonderlich wohl gefühlt hat in dieser Verbindung. So viel positive Lebenseinstellung und diese stetige Aktivität - wie ermüdend! Und wie deprimierend noch dazu. Zeugt dieses Verhalten doch nur von einer geschickt versteckten Oberflächlichkeit...

Typ B trifft auf Typ B: Was sich aus dieser Konstellation ergibt, bedarf eigentlich keiner Worte. Sie könnten als Paradebeispiel für viele bestehende Hasslieben aufgeführt werden, wenn es sich bei diesen beiden Menschen um eine partnerschaftliche Beziehung handelt. Freundschaften dieser Konstellation dürften ebenfalls nicht befriedigend verlaufen, denn *was* hätten sich diese Menschen schon zu geben? Sie würden sich vielleicht gerade noch in Gesprächen finden können, in denen man gemeinsam seine negativen Ansichten austauscht und sich gegenseitig in seiner Passivität bestärkt.

Typ B trifft auf Typ C: Typ B wirkt negativ verstärkend auf Typ C ein, weil dieser (wie bereits erwähnt) die Stimmungen seiner Umwelt/Mitmenschen reflektiert. Außerdem wird C nicht gerne die Verantwortung für einen anderen Menschen übernehmen, weil er mit sich selbst schon mehr als genug zu tun hat. Sie mögen vielleicht Wegbegleiter sein für eine kurze Zeit, wenn sie nicht das Abenteuer Ehe wagen ,das auf Dauer nicht gut gehen kann. Typ C dürfte kaum stark genug sein, um unbeschadet aus einer solchen Verbindung auszusteigen.

Typ B trifft auf Typ D: Sollte sich diese Konstellation wider Erwarten ergeben, so darf man wohl davon ausgehen, dass Typ D eine schwere, karmisch bedingte Aufgabe zu lösen hat. Es gibt Partnerschaften/Freundschaften, die über unzählige Inkarnationen hinweg aufrechterhalten werden, weil diese Partner die ihnen gestellte Aufgabe bisher nicht zu lösen wussten.

Doch unter normalen Umständen werden sich Menschen dieser Kombination kaum etwas zu sagen haben. Man findet kaum einen gemeinsamen Nenner und schon gar nicht wird man hier auf eine identische Wellenlängen treffen. Typ D, von Natur aus spirituell sehr weit entwickelt, wird sofort intuitiv erkennen, dass dieser Mensch ihm seelisch sehr zusetzen kann, und deshalb den Umgang mit Typ B meiden, wenn es sich einrichten lässt. Typ B fühlt sich von so viel geistiger und seelischer Tiefe anfangs vielleicht fasziniert, aber da er es nicht mag von anderen durchschaut zu werden, wird er im Laufe der Zeit genau an diesen Eigenschaften des anderen Anstoß nehmen. D könnte ihn lehren, sein Leben zu ändern, und würde ihm auch die nötige Hilfestellung geben, doch dazu müsste Typ B erst einmal bereit sein.

Typ C trifft auf Typ A: bereits dargestellt bei Typ A.

Typ C trifft auf Typ B: bereits dargestellt bei Typ B.

Typ C trifft auf Typ D: Hier findet der ständig von Stimmung zu Stimmung schwankende Typ C Stabilität und Harmonie, denn der Partner/Freund vom Typ D wird die Ursache der Labilität und den ständig wechselnden Energieströmen von C auf den Grund gehen, diesem die Zusammenhänge erklären und ihm zeigen, wie leicht es doch sein kann, sich gegen die negativen Einflüsse von außen abzuschirmen. C wird ein williger und sehr gelehriger Schüler sein und dankbar die Hilfestellungen seines Partners/Freundes annehmen. Er wird seine vorhandenen Existenzängste im Laufe der Zeit abbauen und D wird ihm helfen, sein verloren gegangenes Selbstwertgefühl wiederzufinden. Man empfindet tiefe, aufrichtige Gefühle füreinander und fühlt sich auf unerklärliche Weise zueinander hingezogen. Partnerschaften/Freundschaften sind meist geprägt von Dauerhaftigkeit, denn diese Konstellation birgt Toleranz und Verständnis füreinander.

Typ D trifft auf Typ A: bereits geschildert.

Typ D trifft auf Typ B: bereits geschildert.

Typ D trifft auf Typ C: bereits geschildert.

Typ D trifft auf Typ D: Wenn zwei Menschen dieser Konstellation aufeinander treffen, so werden sie sofort das Gefühl haben, einander schon lange zu kennen, vertraut zu sein mit dem Wesen des anderen. Das mag auch ab und an in anderen Konstellationen geschehen, aber hier in diesem Falle ist es etwas völlig anderes! Denn hier ist die Qualität dieses Empfindens ein sehr positives, getragen von dem untrügerischen Instinkt, dass es sich bei dem jeweils anderen um einen gut bekannten Seelenverwandten handelt. Und so ist es auch!

Diese beiden Menschen kennen sich aus vielen ihrer Vorleben, haben unzählige Inkarnationen miteinander durchlaufen. Niemals als Gegner oder gar Feinde, sondern sie waren verbunden durch eine liebevolle Beziehung zueinander, als Freunde, Partner, Eltern, Geschwister oder in einer ähnlich gearteten Verbindung; sie waren einander schon immer sehr zugetan.

Sie haben sich nun auch in dieser körperlichen Existenz - ihrem jetzigen Erdendasein - wiedergefunden und das hatten sie sehr wahrscheinlich vor Antritt dieser Inkarnation, also in ihrer geistigen Existenz im Jenseits zuvor, auch so vereinbart. Sie werden nicht lange zögern, um fortan einen gemeinsamen Weg in diesem Leben zu finden, wenn sie als Liebende zusammen gefunden haben.

Diese Seelen drängen regelrecht zueinander und sie werden bereit sein, die nötigen Schritte einzuleiten, damit sie nicht wieder getrennt werden durch die Umstände, in denen sie zu diesem Zeitpunkt vielleicht leben mögen. Es mag dabei keine Rolle spielen, in welcher Situation sie sich kennen lernten, und es wird auch keine entscheidende Rolle spielen, ob sie vielleicht sogar durch Kontinente getrennt sind und nur durch das Wohlwollen des Schicksals aufeinander trafen in diesem alles entscheidenden Moment. Ihre Liebe ist etwas besonders Wertvolles, sehr Intensives und umschließt alle Bereiche. Man liebt nicht nur den Körper des anderen, sondern auch dessen Geist, dessen Seele. Hier wird es keine trennende Kluft geben, die zu Entfremdung führt.

Sehr wahrscheinlich haben diese beiden Menschen abermals eine gemeinsame Aufgabe zu bewältigen, wie schon so oft zuvor in früheren körperlichen Existenzen, wo diese in einer Freundschaft, in einer Partnerschaft oder aber in einer beruflichen Tätigkeit gelöst wurde. Vielleicht treffen auch jetzt wieder zwei der aufgezählten Möglichkeiten gleichzeitig zu. Tatsächlich finden sich Menschen dieser karmischen Konstellation in einer außergewöhnlich harmonischen Partnerschaft wieder, um dann miteinander, Hand in Hand, ihre Fähigkeiten und Talente in einem entsprechenden Beruf auszuüben. Sie werden sich gegenseitig in ihrem Tun beflügeln und auf diese Weise ungeahnte Erfolge erlangen. Zusammen sind sie unschlagbar und das, obwohl sie eigentlich die ideellen Werte anstreben und die spirituelle Seite des Lebens in den Vordergrund stellen. Sie werden Wege finden, unzählige Menschen an ihrem Glück teilhaben zu lassen, nicht nur, indem sie andere großzügig an ihrem materiellen Besitz teilhaben lassen, der sich durch die Partnerschaft von D und D einstellen wird, sondern auch deshalb, weil sie ihr Wissen und sämtliche ihrer gesammelten Erfahrungen an andere Mitmenschen weitergeben. Sie kennen noch immer viele der alten Geheimnisse, sind vertraut mit natürlichen Gesetzen, beschäftigen sich eingehend mit Natur und Umwelt und achten deshalb natürlich auch verstärkt auf das Wohlergehen jedes lebenden Wesens. Sie machen zusammen auf herrschende Missstände aufmerksam und suchen nach neuen Wegen, diese aus dem Gleichgewicht geratenen Situationen möglichst friedlich zu bereinigen. Sie rütteln wach, da, wo die Masse in den Tiefschlaf gefallen ist, um nicht zu sehen, was auf dieser Erde alles schief läuft. Das schafft nicht immer nur Freunde. Doch auch damit wissen sie umzugehen.

Leider sind diese Menschen nur in der Minderzahl hier auf diesem Planeten anzutreffen. Aber sie wissen bereits aus sicherer Quelle, dass die Zahl ihrer Artgenossen von Jahr zu Jahr größer wird, denn immer mehr dieser alten, weisen Seelen lassen sich auf dieser Erde inkarnieren, weil es an der Zeit ist, die überwiegend negativen Energieströme zu unterbinden, soll die Menschheit nicht im Chaos enden. Trotzdem fühlen sie sich reich und glücklich in jeder Hinsicht, denn noch ist eine Wende zum Guten hin möglich. Diese Zuversicht strahlen sie aus auf ihre Umwelt und man wird unschwer erkennen können, dass sie sehr wohl wissen, wovon sie sprechen.

EINIGE RATSCHLÄGE FÜR DIE TYPEN A, B UND C

Nachdem wir nun anhand der verschiedenen Typen-Konstellationen in Partnerschaften dargestellt haben, wie unterschiedlich die Energieströme auf Menschen und deren Beziehungen einwirken, wollen wir zur Vertiefung des Verständnisses nun noch einige andere erklärende Beispiele anführen.

Nehmen wir einmal jenen Menschen, der im Leben meist entschlossen und energiegeladen auftritt: Typ A. An seinem Gesicht wird man erkennen können, dass er sich einer positiven Lebenseinstellung bedient und dass er, alles in allem gesehen, sein Leben zu meistern weiß. Seine aufrechte Körperhaltung zeigt, dass er weder Tod noch Teufel fürchtet und dass er zu den Erfolgreichen gehört, die sich ihre Position mit unerschütterlicher Zähigkeit erworben haben und diese auch zu halten wissen. Selbst wenn das noch nicht der Fall sein sollte oder wenn dieser Mensch durch entsprechende Umstände keine berufliche Laufbahn einschlagen wird, so meistert er sein Leben trotz alledem sehr gut und wird sicherlich andere befriedigende Wege zur Selbstverwirklichung finden.

Der Blick eines Menschen mit positiver Grundeinstellung ist in aller Regel fest und offen, freundlich, aber dennoch bestimmt. Der Händedruck wird kraftvoll sein und sein Körper, dem er ausreichend Zeit widmet, wird jene ungestüme Kraft ausstrahlen, die Krankheiten trotzt. In aller Regel wird sich für Unpässlichkeiten nur selten Gelegenheit bieten, geschweige denn dass sie sich bei diesem Menschen gar einnisten oder sich in irgendeiner anderen Form manifestieren können.

Dieser Mensch, den wir euch hier beschrieben haben, bedient sich einer positiven Grundeinstellung, welche er die meiste Zeit seines Lebens zu praktizieren weiß. Dieser Mensch wird meistens sehr schöpferisch, fleißig, ideenreich und voller Optimismus sein und auch schwierigste Situationen aus dem Weg räumen können, indem er sie kurzerhand in eine gute, neue Ausgangsperspektive umzuwandeln weiß.

Aber auch er unterliegt ab und an Schwankungen. In Phasen negativer Energie, also in Zeiten seiner Passivität, welche zwangsläufig auch bei ihm auftreten, wird er sich die nötige Ruhe gönnen, wenngleich ihm das nicht immer leicht fallen mag. Doch er wird es lernen, weil er schnell begreift und Hintergründe erkennen kann.

Also: auch dieser Mensch ist ab und an geschwächt, auch seine Energie ist mitunter verbraucht und dieser Mensch bedarf - wie alle anderen menschlichen Wesen auch - der erforderlichen Ruhe und Entspannung.

Hier könnte bei einigen Menschen vom Typ A das eigentliche Problem liegen, dann nämlich, wenn sie mit diesen Schwankungen von aktiver (positiver) Phase zu passiver (negativer) Phase nicht richtig umgehen können. Diese Menschen - so stark sie sonst auch sein mögen und trotz der überwiegend positiven Lebenseinstellung - sind in der negativen Phase, in der ihr Körper und Geist ermüdet, mitunter auch anfällig für jene negativen Schwingungen, welche die niederen Geistesströme anderer sind. Ohnehin ausgelaugt und kraftlos, schwingt der sonst so Energie geladene, starke Mensch auf einer anderen, negativ gestimmten Energiefrequenz, weil er eben in diesem Zustand genau die selbe negative Energie ausstrahlt wie seine passiven, negativ gestimmten Mitmenschen. Wir haben bereits erwähnt: Gleicher Geist zieht gleichgesinnte Geister an, auch wenn es sich in diesem Beispiel um einen Menschen handelt, der sonst überwiegend auf der positiven Energiefrequenz schwingt.

Könnte man diese Energiefelder, positive wie negative, welche jeden von euch umgeben, sichtbar machen, so würdet ihr sehr erstaunt darüber sein, wie deutlich man an diesen Energieströmen erkennen kann, um welche Art von Energie es sich gerade handelt. Sie sind annähernd vergleichbar mit Radiowellen, die sich einen direkten Weg zu eurer Aura, eurer feinstofflichen Hülle bahnen, um auf diese einzuwirken. Wir Wesen der geistigen Ebene können diese Energiefelder und Energiewellen ohne jegliche Anstrengung sehen. Diese Energieströme, die sich Wellen ähnlich fortbewegen - in diesem Beispiel von euren Körpern ausgestrahlt werden -, strahlen direkt auf euer Umfeld ab, auf eure Mitmenschen. Doch sie können sich auch über beachtliche

Entfernungen hinweg mit gleichgearteten Energieströmen anderer Menschen verbinden. Stets auf der Suche nach gleich gearteten Energiewellen bahnen sie sich zielstrebig ihre Wege zu euren Mitmenschen, die sich gerade in gleicher Verfassung befinden wie ihr selbst. Auch eure Gedanken vermögen diese Verbindung zu anderen Menschen herzustellen.

Befindet ihr euch nun gerade in einem passiven, negativen Zustand, so suchen eure Energieströme den Weg zu einer ebenfalls passiven, negativen Energiequelle. Treffen sie auf diesen Pool, so verstärkt sich nicht nur euer Zustand, sondern auch der negative Zustand des „Empfängers". In solch einer Situation mögt ihr euch dann vielleicht (wieder einmal) sagen: „Ich weiß gar nicht was mit mir los ist, diese bedrückende Stimmung, dieses Tief, das ich fühle, kam wie angeflogen!" -

Denkt in diesem Zusammenhang auch einmal an die regelmäßig wiederkehrenden Anflüge von Depressionen in den Herbst- und Wintermonaten! Haltet euch einmal deutlich vor Augen, welch gigantisches Potenzial an Passivität und negativen Energieströmen von der Masse der Menschen freigesetzt wird, die sich gerade in dieser Jahreszeit lustlos, niedergeschlagen, deprimiert oder gar aggressiv und streitsüchtig fühlen. Diese von euch Menschen als düster und bedrückend empfundenen Monate, die euch aufs Gemüt schlagen, sollten deshalb mit Bedacht, mit entsprechenden Vorkehrungen, indem ihr unsere Schutzmaßnahmen anwendet, angegangen werden. So wirkt ihr einem vorhersehbaren und durchaus beachtlichen Energieverlust entgegen, den die nebeligen, kalten und grauen Herbst- und Wintertage mit sich bringen. Lasst nicht zu, dass diese trübe Stimmung Einzug in eure Herzen hält!

Doch nun zurück zum eigentlichen Thema, widmen wir uns Typ B und C. Diese beiden Charaktere sind prädestiniert, sich den düster strahlenden Stimmungen und Energieströmen hinzugeben und sich in ihrem Gefängnis der Passivität zu verschanzen, wie wir bereits sagten. Typ B und C können wir bezüglich der äußeren Merkmale zusammenfassen, weil sie sich in diesem Punkten ähneln.

Diesen Menschen fehlt meist diese positive Ausstrahlung, welche Typ A meist auf den ersten Blick sympathisch macht, wobei Typ C - wenn er sich gerade in der Aktivphase befindet - durchaus freundlich und aufgeschlossen wirken kann. Meist wirken B und C nicht stark und vital, der Gang wirkt müde, schleppend und ihren Mundwinkeln fehlt meist der freundlich wirkende, von der Natur geprägte Schwung nach oben. Wenn man diesen Menschen in die Augen blickt, gewinnt man beinahe den Eindruck, sie seien gehetzt, traurig und müde, oder aber ihre Augen blicken melancholisch und vorwurfsvoll in die Welt, so als seien all die anderen Schuld für ihr vermeintliches Unglück. Diese Menschen jammern viel und gerne, über das Unglück, welches sich ausgerechnet immer bei ihnen Einlass verschafft, über steigende Preise, die Ungerechtigkeit, die ihnen regelmäßig widerfährt, über den Partner, die Kinder, den schlecht bezahlten Beruf und, nicht zu vergessen, die unzähligen Krankheiten, mit denen sie sich herumplagen müssen und die ihnen jegliche Freude am Leben nehmen.

Diese Menschen sind regelrecht Gefangene ihrer selbst. Sie scheinen den rechten Zeitpunkt verpasst zu haben, ihrem Leben wieder zu einer positiven Wende zu verhelfen. Es sei denn, sie treffen auf einen ausgleichenden Partner und befolgen dessen Ratschläge über einen gebührenden Zeitraum hinweg.

Man gewinnt beinahe den Eindruck, sie würden sich gefallen in ihrer Rolle des Leidens und des Jammerns um jene Dinge, die ihnen tagtäglich widerfahren. Aber glaubt uns, sie werden nicht einen einzigen Gedanken daran hegen, dass *sie* es sind, die diese Dinge regelrecht herbei beten mit ihrem unerlässlichen Gejammer um ihr schweres, schweres Schicksal, welches auf ihren gebeugten, schwachen Schultern lastet.

Natürlich ist jeder Mensch von einer karmisch bestimmten Lebensweise geprägt, welche er in seiner jetzigen körperlichen Form erfüllen sollte, aber das ist eine völlig andere Geschichte und hat nichts mit Neigungen und Stimmungen zu tun, denen ohnehin jeder Mensch unterworfen ist. Niemand - auch Typ B und C nicht - werden eine karmische Aufgabe zu erfüllen haben, denen sie nicht gewachsen wären, die sie nicht mit ein wenig mehr Engagement meistern könnten. Kein Grund also, sich wie ein Ertrinkender vehement an negative Energieströme zu klammern und untätig darauf zu warten, dass man ein schöneres, besseres Leben auf einem Silbertablett geschenkt bekommt. Man sollte schon ein wenig selbst zu einer Verbesserung seiner Lebensqualität beitragen wollen!

Was könnten diese Menschen vom Typ B und C nun gezielt gegen ihre negative Grundeinstellung (B) bzw. ihren ständigen Stimmungsschwankungen (C) unternehmen? Wie könnten sie die lebensbeherrschende negative Situation, ihren negativen Zustand beseitigen, den selbst auferlegten mentalen Bann brechen und ihren Energiefluss auf die positive Frequenz einstimmen? - Falls möglich, tunlichst Massenansammlungen meiden! Wenigstens für die Dauer jener Zeit, in der sie sich dazu entschieden haben mögen, ihrem Leben eine positive Wende zu geben, und damit beginnen, bewusst gegen ihren Missstand, ihre geistige Disharmonie anzugehen. Denn einem unvermeidlichen Gesetz folgend sucht sich der passive, geschwächte Geist negativ gestimmter Menschen zielstrebig wie immer einen Weg zu Seinesgleichen und die Masse der Menschen bietet hierfür ausreichende Gelegenheit, sich dieser niederen Frequenz, auf der sie ohnehin schwingen, anzuschließen. Wir können das nicht oft genug betonen.

Anstatt nun diese negativen Energien zu verstärken - wie B und C es mit schöner Regelmäßigkeit tun und weshalb sie meist gereizt wirken und hilflos in destruktive Stimmungen verfallen , sollten sie sich nicht länger diesen Energieströmen ausliefern oder untätig hingeben, sondern sich dazu entschließen, jenes Energietor, durch welches sie diese negativen Kräfte beziehen und das sie unbewusst irgendwann in der Vergangenheit geöffnet haben, Kraft ihrer Gedanken zu schließen.

Das bedarf der Übung, dass ist wohl wahr. Denn wenn man dieses Tor erst einmal geöffnet hat, dann lässt es sich, gerade im passiven, Negativzustand, nur sehr schwer wieder schließen, weil der schädliche, zerstörerische Strom der Masse mit gewaltiger Kraft durch diese Öffnung fließt. Es wäre ratsam, wenn sich diese Menschen für eine geraume Weile einen Ort der Ruhe wählten, vielleicht für die Dauer ihres Urlaubs, irgendwo in der Einsamkeit, um dort mit Hilfe regelmäßiger Meditationen, ausgedehnter Spaziergänge in der Natur und ohne hektischen Einfluss durch andere Personen wieder zu einem natürlichen Rhythmus zurück zu finden. Sie sollten sich jeden Tag mehrmals darauf programmieren, dass sie künftig ein Leben in Freude genießen wollen, dass sie sich glücklich fühlen möchten, und sie sollten sich Ziele für die Zukunft stecken, die motivierend wirken. Sie müssten herausfinden, was ihnen bisher das Leben so erschwerte, und anstatt wie bisher die Situation zu akzeptieren, weil „man" ja doch nichts ändern kann, sollten sie sich sehr viel besser bewusst machen, dass man beinahe alles in seinem Leben zu ändern vermag, *wenn man es nur wirklich will!*

Sobald sich diese Menschen bewusst machen, dass sie Kraft ihrer eigenen, bisher negativen Gedanken entsprechend negative Situationen herbei führten, werden sie auch erkennen können, dass man, wenn man sich positiver Gedanken bedient, auch entsprechend positive Ergebnisse erhält. Die Macht der Gedanken, des Geistes, ist enorm! Weshalb macht ihr euch dieses Wissen nicht zu Nutze? Denkt euch eure Zukunft schön und wohlhabend! Denkt euch gesund und Energie geladen! Dann habt ihr die besten Voraussetzungen geschaffen, dass diese Wünsche sich auch als Realität manifestieren.

Die Phasenwechsel

Was ist zu tun, wenn man den nahenden Wechsel von aktiver Positivphase zu negativer Passivphase fühlt und nicht ausreichend Zeit findet für eine stärkende Meditation oder eine ausreichende Ruhephase für Körper und Geist?

Im Idealfall sollte sich der Mensch für eine Weile - und sei sie noch so kurz -an einen stillen Ort zurückziehen können, z. B. einen ruhigen Raum, um seinem Geist und Körper die nötige Ruhe gewähren. Das ist nicht immer möglich, schon gar nicht, wenn sich dieser Zustand gerade während der Arbeit oder einer sonstigen Verpflichtung einstellt. Aber auch für diese Situation gibt es Abhilfe. Mentaler Gedankenschutz wirkt gegen ungewollte Fremdeinflüsse und vermag den Energieverlust weitgehend zu stoppen. Ihr solltet allerdings ernsthaft dagegen angehen wollen, wenn ihr eure Gedanken als Schutzmechanismus zielgerichtet einsetzt, denn Halbherzigkeiten, also unzureichende Konzentration, wird hierbei nicht dienlich sein.

Natürlich braucht ihr auch für diese Sofortmaßnahmen ein wenig Zeit. Fünf bis zehn Minuten würden schon ausreichen, um sich vor einem weiteren Energieverlust zu schützen. So viel Zeit sollte es euch schon wert sein, wenn ihr nicht Gefahr laufen wollt, womöglich viele Stunden oder Tage in einer Passivphase zu verharren, in der ihr euch ausgelaugt und geschwächt fühlt und die Arbeit und andere Verpflichtungen nicht wie gewohnt von der Hand gehen wollen. Vergesst nicht: Es ist sehr viel schwieriger, vom negativen Zustand wieder in den positiven überzuwechseln als umgekehrt!

Einige Minuten ungeteilte Konzentration gerichtet auf den positiven Energiestrom, dem ihr euch bewusst gedanklich wieder anschließen wollt, wäre genau das Richtige in solch einer Situation. Vielleicht findet sich Zeit für diese kleine Übung in einer eurer Pausen, und wenn keine passenden Räumlichkeiten zur Verfügung stehen, so würde notfalls auch ein Waschraum für diese kurze Zeit mentalen Trainings genügen.

Eure „Gedankenbefehle", die sich zielgerichtet darauf beschränken, dass ihr alle negativen Energieströme von euch weist und damit Raum schafft für die positiven, die ihr euch nun ebenfalls bewusst macht, werden euch helfen, alle kräftezehrenden Einflüsse wieder dahin zurückzuschicken, wo sie hergekommen sind. Sendet gedankliche Befehle klar und deutlich aus und sie werden euch schützen und eurem Wohlbefinden sehr dienlich sein!

MENTALE SCHUTZMASSNAHMEN

EINE MEDITATION

Hier möchten wir euch nun eine ausführliche Meditationsübung vorstellen und näher erklären, die ihr so oft als möglich praktizieren solltet. Sie erfordert allerdings Zeit und Geduld, weil eine gewisse Übung notwendig ist, um sie richtig durchzuführen. Wenn ihr sie beherrscht, dann könnt ihr sie jederzeit anwenden und irgendwann wird selbst ein fremder oder belebter Ort euch nicht daran hindern können, euch in diesen Ruhezustand zu versetzen, der Ausgangsposition für direkte Befehle an euer Unterbewusstsein ist.

Mit dieser Übung, werdet ihr den negativen Einflüssen um euch herum nicht nur Einhalt gebieten, sondern sie sehr zuverlässig von euch ableiten. Was ihr dazu braucht, ist ein ruhiger Raum, in dem euch niemand stört. Für den Anfang ist es empfehlenswert, sich bequem hinzusetzen oder besser noch sich hinzulegen. Konzentriert eure Gedanken ausschließlich auf euren Körper! Lasst eure Gedanken nicht abschweifen zu den Problemen des Alltags! Schließt die Augen, damit ihr nicht abgelenkt werdet von irgendwelchen optischen Eindrücken, denn gerade für den Ungeübten ist es anfangs meist sehr schwierig, sich zu konzentrieren, die Gedanken auf sich selbst zu richten. Atmet tief und regelmäßig ein und aus! Konzentriert euch nun nur noch auf eure Atmung! Beim Einatmen sollte sich der Bauch und auch der Brustkorb heben und ihr solltet das Gefühl haben, dass ihr die Luft bis tief in den Unterbauch einzieht. Beim Ausatmen achtet darauf, dass ihr auch den letzten Rest verbrauchten Sauerstoff aus eurer Lunge befördert! Stellt euch dabei möglichst bildhaft vor, wie ihr euch beim tiefen Einatmen mit reiner, stärkender Energie bereichert, und dann, beim Ausatmen, wie alles Alte, Verbrauchte, also alle angesammelten Negativenergien, euren Körper verlässt.

Dann nach einer Weile, wenn euer Atem beginnt, ruhig und gleichmäßig zu fließen, und euer Körper sich an diesen bewusst gemachten Rhythmus gewöhnt hat, wenn diese Art der Atmung wie „von selbst“ funktioniert, ohne dass ihr euch dabei zwingen müsst, diesen Rhythmus zu halten, startet den Versuch, euch ein geistiges Bild der Ruhe zu erschaffen! Versucht dazu, festzustellen, wo ihr euch - könntet ihr euch das jetzt während dieser Übung aussuchen - gerne aufhalten würdet. Lasst vor eurem geistigen Auge einen schönen, anheimelnden Ort entstehen, an dem ihr zu diesem Zeitpunkt gerne wärt. Ein Ort, den ihr vielleicht sogar recht gut kennt und an dem ihr euch immer recht wohl fühltet. Es kann aber durchaus auch ein Ort eurer Fantasie sein. Das bleibt jedem selbst überlassen und seiner Fähigkeit, solch einen Ort visualisieren zu können.

Wir wollen dazu dennoch einige Vorschläge machen, obwohl ein Ort der Ruhe und Entspannung etwas sehr Individuelles ist. Für den einen mag das vielleicht ein prächtiger Mischwald im Herbst sein, für den anderen ist es vielleicht eine saftig grüne Sommerwiese, übersät mit blühenden, herrlich duftenden Wildblumen. Ein anderer Mensch zeigt womöglich eine Vorliebe für einen menschenleeren, weißen Strand, an dem er spazieren geht oder nur faul in den wärmenden Strahlen der Sonne liegt, und dann wird es vielleicht auch jene unter euch geben, die große, mächtige Gebirgsmassive vor ihrem geistigen Auge entstehen lassen wollen, weil sie den Anblick gewaltiger Berge als atemberaubend und beruhigend zugleich empfinden mögen. Was auch immer ihr in diesen Minuten der Konzentration vor eurem geistigen Auge entstehen lasst, es sollte angenehm auf euch wirken, beruhigend und ausgleichend. Ein Gefühl von Wohlbefinden sollte mit diesem inneren Bild einher gehen und euch völlig abschalten lassen. Das Wichtigste bei dieser Übung ist, dass ihr euch eins fühlt mit diesem Bild der Ruhe in euch und dass ihr euch dieses Bild so vertraut als möglich macht. Ihr solltet es tief in euer Bewusstsein einprägen, denn ihr werdet dieses Bild des öfteren brauchen!

Später wird es sehr wichtig sein, dass ihr euch dieses vertraut gewordene Bild binnen Sekunden bewusst machen könnt. Deshalb ist es für den Ungeübten auch nicht sinnvoll, ständig ein neues Bild der Ruhe zu „produzieren“; das bleibt den Geübten vorbehalten, sofern sie dies für gut und richtig halten.

Doch nun weiter mit dieser Übung. Stellt euch nun so realistisch als möglich vor, wie ihr selbst in dieses Bild hinein steigt, um diesen Ort der Ruhe aufzusuchen. Werdet eins mit diesem Bild der Ruhe, es ist eure Vision, oder Zufluchtsort, wenn ihr bereit seid für diesen kleinen mentalen Ausflug. Blickt euch genau um, in jener Landschaft der Fantasie! Nehmt jede Einzelheit in eurer geistigen Umgebung wahr, auch wenn sie noch so winzig oder unbedeutend sein mag!

Ihr seid nun aufmerksame Beobachter, Kundschafter, die dieses Neuland bis ins kleinste Detail betrachten. Lasst im Geiste sämtliche Eindrücke dieses Bildes in aller Ruhe und Genauigkeit auf euch einwirken, nehmt bewusst wahr, was ihr dabei empfindet! Nehmt nun diese Umgebung mit sämtlichen Sinnen wahr! Versucht alles in diesem Tagtraumszenario im Geiste möglichst intensiv zu fühlen, zu schmecken, zu riechen, zu ertasten, und lauscht der dazugehörigen Geräuschkulisse!

Das geht nicht, meint ihr? Oh doch, es geht - mit entsprechender Übung sogar sehr gut! Es ist wichtig, dass ihr während dieser Entspannungsübung möglichst intensiv in diesem Traumbild mitwirkt. Das schult eure imaginären Sinneseindrücke und sorgt gleichzeitig dafür, dass ihr in einen Zustand tiefer, erholsamer Ruhe hinabsteigt. Die Realität um euch herum sollte für die Dauer dieser Übung ausgeschaltet sein, denn dann wird euer Unterbewusstsein die anschließenden Befehle, die ihr aussenden solltet, sehr viel leichter und schneller aufnehmen und in die Tat umzusetzen versuchen. Mit der Zeit werdet ihr feststellen können, dass es euch von Mal zu Mal leichter fallen wird, euch in diesen Ruhezustand zu versetzen.

Lasst gedanklich auch jene begleitenden Geräusche entstehen, die in das Bild eurer Fantasie hineinpassen! Wer sich einen Ort am Meer hat entstehen lassen, sollte sich vielleicht auf das beruhigende, gleichmäßige Rauschen der Wellen konzentrieren oder auf die Schreie der Möwen, welche sich dort eingefunden haben, um nach Fischen Ausschau zu halten. Konzentriert euch auf die wärmenden Strahlen der Sonne, die wohltuend und stärkend auf euch einwirken! Lasst den feinen, weißen Sand gedanklich durch eure Finger rieseln, atmet die herrlich würzige Salzluft ein und versucht euch vorzustellen, wie das angenehme, kühle Wasser eure sonnenwarme Haut erfrischt! Werft einen Blick hinauf zum blauen Himmel mit den kleinen, weißen Wolken die - bei genauer Betrachtung und mit der nötigen Fantasie - unterschiedliche Bilder zeigen, die man nach Belieben deuten kann, wenn man das möchte!

Dann, wenn ihr diesen Ort eurer Wahl so lange genossen habt, dass ihr nun selbst schon die angenehm entspannende Ruhe in eurem Körper und in eurem Geist fühlt, könnt ihr mit dem wichtigsten Teil dieser Übung beginnen, jenen Teil der Meditation, welcher euch - wann immer ihr glaubt in zu benötigen - vor negativen Einflüssen aus eurer Umwelt schützen wird.

Lasst ein geistiges Bild von euch selbst entstehen! (Das mag den meisten von euch etwas schwerer fallen, als jenes Bild der Ruhe geistig zu erschaffen, aber auch das ist lediglich eine Frage der Übung). Wenn es euch gelungen ist, euch selbst zu sehen - je deutlicher ihr dieses Bild visualisieren könnt, desto besser -, dann stellt euch eine schützende weiße oder goldfarbene Hülle vor; das kann eine Hülle aus feinem Material sein oder aus Glas, aber sie sollte durchsichtig sein und nicht anderweitig einengend oder bedrohlich wirken. Ihr solltet durch sie hindurch sehen können, denn ihr werdet euch nun mental mit dieser schützenden Hülle umgeben. Legt sie euch um, steigt hinein oder stülpt sie euch in Gedanken über, ganz wie ihr wollt. Wichtig ist nur, dass sie euch unbedingt vollständig einhüllen sollte wie ein schützender Mantel. Es wird kaum jemandem auf Anhieb gelingen, dieses Bild von sich und diesem Schutzmantel vollständig zu formen, und ihr solltet euch deshalb in Geduld üben, wenn ihr eure ersten Versuche startet. (Nebenbei bemerkt bedienten sich vorzugsweise Weißmagier dieser Übung und sie tun es noch immer, bevor sie ihre magischen Rituale einleiten, und schützen sich damit ebenfalls vor schädigenden mentalen Einflüssen). Ihr dürft euch auch gerne in gleißendes Licht denken, welches euren Körper schützend umgibt. Vielleicht mag es dem einen oder anderen leichter fallen, sich in diese Lichtquelle hineinzudenken. Wichtig ist nur, dass auch hierbei euer Körper vollständig von diesem Mantel aus Energie umhüllt ist.

Die positive Wirkung dieser Übung lässt nicht lange auf sich warten, wenn ihr bereit seid, sie immer wieder zu praktizieren und sie damit zu vervollkommnen. Ihr werdet staunen, wie prompt sie einer Passivphase entgegenwirkt. Diese Übung ist auch bestens geeignet, sich vor störenden Einflüssen negativer Jenseitiger oder anderer Wesen zu schützen, von denen Menschen immer wieder geplagt und belästigt werden. Nicht umsonst bedienten sich Magier und Jenseitskontakter dieser wirkungsvollen mentalen Schutztechnik.

Nun zum nächsten Teil dieser Übung, denn noch ist sie nicht komplett beschrieben. Wenn ihr nun eingehüllt seid in diese gedanklich hergestellte Schutzhülle, dem Symbol für mentale Abwehr, so beginnt unverzüglich damit, gedankliche Befehle zu erteilen! Es mag auf euch vielleicht befremdend wirken, wenn wir euch sagen *Schickt alle negativen Energieströme, alle negativen Einflüsse dorthin zurück, woher sie gekommen sind, bevor sie sich den Weg zu eurem Körper und zu eurem Geist bahnten!* Doch genau so und nicht anders solltet ihr es formulieren. Es spielt dabei gar keine Rolle, wenn ihr nicht wisst, woher diese Einflüsse ursprünglich stammten. Es reicht tatsächlich aus, wenn ihr sagt *Kehrt dorthin zurück, woher ihr gekommen seid!* - Magie ist weniger kompliziert, als viele von euch das annehmen. Die Macht der Gedanken ist stark und das Unterbewusstsein mag einfach gewählte Worte. Suggeriert euch fest und bestimmt, dass ihr störenden Einflüssen, welche von eurer Umwelt oder sonst woher stammen, keinen Zugang gewährt, weder zu eurem Geist noch zu eurem Körper! Wiederholt diesen gedanklichen Befehl mehrmals. Ihr könnt ihn selbstverständlich auch laut aussprechen, wenn ihr wollt und wenn ihr euch ungestört fühlt, und er wird euch abschirmen gegen schädliche Einflüsse und Energien eurer Mitmenschen und sonstiger Wesen, je nachdem, für welchen Zweck ihr diese Übung einzusetzen gedenkt.

Gedankliche Befehle zu erteilen mag für den einen oder anderen von euch vielleicht etwas ungewohnt sein, aber es ist keinesfalls schwer es zu praktizieren. Genau betrachtet tut ihr es ohnehin regelmäßig, mit dem kleinen, aber sehr wichtigen Unterschied, dass ihr es tut, ohne es bewusst zu registrieren. Und ihr tut es leider meist auf völlig falsche Weise!

Beispiele hierfür? „Ich kann das unmöglich schaffen!" - Ein Garant, dass es euch sehr wahrscheinlich nicht gelingen wird, was immer ihr damit gemeint habt. Oder: „Ich werde dieses oder jenes niemals besitzen, weil..." - Mit dieser Einstellung und mit diesem Befehl an euer Unterbewusstsein wird es euch auch nicht gelingen, zudem lenkt ihr euren Energiestrom auf negative Energie mit destruktiven Aussagen.

Anderes Beispiel: „Meine Großmutter hatte Krebs, meine Mutter auch, dann werde ich es wohl auch bekommen!" - Die Chancen, sich diese Krankheit „herbeizuziehen", stehen sehr gut bei dieser mentalen Einstellung! Nicht etwa, weil Krebs offensichtlich in diese Familie gehört oder in dieser Familie „liegt", sondern weil man sich durch die Wiederholungen dieser Gedanken, auf diese Krankheit regelrecht „programmiert" hat. Das Unterbewusstsein gehorcht gedanklichen Befehlen und möchte sie möglichst präzise realisieren! Es spielt dabei keine Rolle, ob euer Unterbewusstsein von bewussten oder unbewussten Gedankenbefehlen gespeist wird!

Ein weiteres Beispiel für negative Programmierung des Unterbewusstseins: „Er - oder Sie - wird mich bestimmt verlassen oder betrügen." - Wenn ihr euch immer wieder mit derartigen Gedanken beschäftigt, dann wird selbst ein lammfrommer Partner irgendwann diese mentalen Gedankenbefehle, diese Botschaften des Unterbewusstseins „auffangen" und entsprechend handeln.

Weshalb also nicht rechtzeitig damit beginnen, sich diese Quelle der Kraft nutzbar zu machen, indem ihr damit beginnt, eure Energie auf sinnvolle Weise anzuwenden. Es kostet keinen Gedanken mehr, sich mit schönen, angenehmen Ereignissen zu programmieren, die nicht weniger stark den Weg der Realisierung suchen, als das sonst die negativen Gedanken zu tun pflegen. Die Macht der Gedanken ist enorm und sucht sich zu realisieren. Deshalb lasst Vorsicht walten und achtet sehr genau darauf, wie präzise ihr eure Wünsche formuliert!

Wenn ihr euch inmitten der mentalen Schutzübung befindet, so könnt ihr natürlich die Worte eurer Wahl dafür verwenden, aber bitte sorgt dafür, dass darin keine negativen Botschaften oder Befehle enthalten sind, denn auch die Wirkung dieser Worte, würde nicht lange auf sich warten lassen und ebenfalls auf euch selbst zurückfallen - wir erwähnten es bereits. Lasst im Zustand der Ruhe, auch eure Intuition wieder einmal zu Wort kommen, wenn ihr euch mit diesen Meditationsübungen beschäftigt. Meist wurde sie im Laufe der Lebensjahre stark vernachlässigt oder verdrängt. Sie gehört aber zu euch, wie euer Körper und euer Geist und eure Seele!

DER INTUITION FOLGEN

Beinahe könnte man sagen, dass die Stimme der Intuition sogar indirekt etwas mit der Seele des Menschen zu tun hat, und die wiederum steht in engstem Kontakt zu eurem Schutzgeist. Jenes Wesen, welches euch durch euer körperliches Dasein begleitet und sich so oft die sprichwörtlichen Haare rauft, wenn ihr wieder einmal nicht auf eure Intuition vertraut oder - was in diesem Zusammenhang wohl noch treffender wäre - auf die Stimme eures jenseitigen Helfers.

Denkt auch darüber einmal gründlich nach! Lernt wieder mit eurer inneren Stimme umzugehen, sie bewusst wahrzunehmen, sie zu Wort kommen zu lassen, wenn sie eine wichtige Botschaft für euch bereithält! Ihr solltet euch nicht dagegen wehren, wenn dieses leise Flüstern in euren Gedanken aufsteigt. Manche von euch wehren sich beinahe gewaltsam gegen die Stimme der Intuition. Aber glaubt uns, das bringt euch sehr wahrscheinlich eher Nachteile ein! Die Intuition ist ein spezielles Wahrnehmungsvermögen und gehört zu eurer Natur, eurem Menschsein. Lasst dieses sanfte Gefühl in euch zu, dem dann schon bald ein intensiveres folgen wird. Schneller als gedacht könntet ihr auf diese Weise mit dieser längst verloren geglaubten Begabung eine harmonische Partnerschaft eingehen, die ihr durch entsprechendes Interesse wieder zum Leben erweckt habt.

Eure Intuition wird euch auch Wege weisen können, wie ihr aus schier unlösbaren Situationen im Alltag herausfindet, wenn ihr Bereitschaft zeigt, ihr die nötige Aufmerksamkeit zu schenken. Sie wird euch auch helfen können, wenn ihr gerade damit beschäftigt seid, euch auf die Frequenz positiver Energieströme einzustimmen. Aber sie kann noch mehr. Sie lässt euch so manche Unklarheiten eures Lebens besser erkennen und verstehen. Sie wird euch vielleicht sogar zeigen wollen, wie leicht es doch sein kann, euren eigenen Wünschen möglichst bald „Gestalt“ zu verleihen, denn eure Gedanken formen eure Realität, und sie wird euch auf viele dieser Ergebnisse aufmerksam machen, weil ihr in den Anfängen eures neu erworbenen Wissens sie vielleicht noch nicht zu erkennen vermögt.

Wir fassen nochmals kurz zusammen. Vergesst nicht, wenn ihr gedankliche Befehle an euer Unterbewusstsein erteilt, um euch vor negativen Einflüssen zu schützen, diese klar und sachlich zu formulieren! Je konkreter ihr die Worte hierfür wählt, desto schneller wird jener Bann von negativen Einflüssen unterbunden sein. Verbindet diese Übung gleichzeitig damit, euch ebenso intensiv zu wünschen, Kontakt zu positiven Energieströmen herzustellen! Ihr beabsichtigt ja nicht nur, geschützt vor negativen Einflüssen zu sein, sondern sicherlich ist es für euch auch wünschenswert, gestärkt zu werden durch diese Übung. Bedient euch dieser unerschöpflichen Quelle bereichernder und stärkender Energie, wann immer ihr wollt und so oft ihr Zeit und Muße dazu findet!

An Tagen, in denen ihr euch in der passiven, negativen Phase befindet, wäre es zudem sehr ratsam, dafür zu sorgen, dass Körper und Geist wenigstens nach Feierabend zur Ruhe kommen, falls ihr wie die meisten unter euch berufstätig seid. Zieht euch in dieser Phase möglichst zurück, besinnt euch auf euch selbst! Auch wenn ihr glaubt, bereits vorher getroffene Verabredungen unbedingt einhalten zu müssen - die Ruhe, die ihr jetzt braucht, zu erlangen, ist wichtiger. Vertraut eurem Gefühl, eurer Intuition, denn sie wird euch etwas sagen oder in euch ein Gefühl entstehen lassen, welches ohnehin nach Ruhe und Erholung drängt. Wenn ihr etwas nicht wirklich aus tiefster Überzeugung tun wollt, weil ihr kraftlos seid und wenig unternehmungslustig, dann gewährt eurem Körper und Geist diese wertvolle Zeit der Entspannung! Ihr allein tragt die Verantwortung für euer Wohlbefinden und für eure Gesundheit, auch wenn ihr das vielleicht nicht so sehen wollt, weil es leichter ist, Verantwortung auf andere Menschen abzuwälzen. Nur ihr selbst könnt Vorkehrungen treffen, die euch möglichst lange gesund erhalten an Seele, Körper und Geist. Maschinen bedürfen ab und an einer gründlichen Wartung, denn sonst büßen sie ihre Funktionstüchtigkeit ein. So ist es auch beim Menschen.

Bedenkt einmal folgendes. Bevor der Körper eines Menschen erkrankt, weil er durch entsprechendes Missachten seiner Bedürfnisse einer beliebigen Krankheit Raum zur Manifestation gewährt, versucht die Stimme eures Unterbewusstseins auf völlig andere Weise, als der Körper dazu imstande wäre, auf den bereits vorhandenen Missstand in eurem Inneren aufmerksam zu machen. Ja, zuerst ist es die Seele, die sich bei euch Menschen zu Wort melden möchte, mit einer leisen Botschaft, denn anders ist es ihr leider nicht möglich, um euch vor einem möglichen künftigen Schaden zu warnen, der, wenn nicht rechtzeitig von euch erkannt und entsprechend beseitigt, größer und größer wird und eure Gesundheit empfindlich bedrohen kann. Die Seele möchte ankündigen, dass etwas aus dem Gleichgewicht geraten ist in eurem Inneren, im Körper, im Geist oder in eurer Lebensweise. Sie will euch diese bedrohliche Disharmonie deutlich machen, die sich schädigend auswirken wird auf eure Gesundheit, wenn ihr nicht rechtzeitig zur Vernunft kommt. Sie will euch verständlich machen, dass es aller höchste Zeit wäre, verschiedene aus dem Lot geratene Dinge zu überdenken, sie schleunigst in eine positive Richtung zu lenken. Im Grunde genommen ist es die menschliche Seele, welche den Geist und den Körper des Menschen zu schützen sucht, weil gerade sie, die Seele, sofort fühlen kann, welche Fehlfunktion sich bei dem Betroffenen klammheimlich eingeschlichen hat.

Wie aber will ein von Stress geplagter, ruheloser Mensch inmitten der allerorts gepflegten Schnelllebigkeit eine solche leise Warnung vernehmen? Wie will er diese leisen Botschaften wahrnehmen? Wie es weitergeht, wenn man sich nicht die nötige Zeit gönnt, auf seine innere Stimme zu achten? Auch das ist kurz erklärt. Versäumt es dieser Mensch nun, den leisen Botschaften seiner Intuition gebührende Aufmerksamkeit zu schenken, indem er geflissentlich die ersten Anzeichen einer körperlichen oder sonstigen Störung missachtet, so wird ein nächster warnender Schritt eingeleitet. Es kann nun entweder der Körper oder aber die Psyche verstärkt in Mitleidenschaft gezogen werden. Je nachdem, äußern sich nun regelmäßiger werdende Symptome einer Krankheit. Unwohlsein mag sich einstellen, für welches man keine Erklärung findet. Psychosomatische Probleme könnten sich zeigen, die einem Menschen das Leben nicht weniger erschweren, als körperliche Leiden es zu tun vermögen. Schmerzen mögen nun vielleicht den Betroffenen quälen, weil sie ihm auf diese Weise mitteilen wollen, dass er die Bedürfnisse seines Körpers über einen langen Zeitraum hinweg nicht ausreichend beachtet hat, und weil es ein letzter Hilfeschrei ist, ihm zu zeigen, dass sein inneres Gleichgewicht aus den Fugen geraten ist.

Kurzum, seine Harmonie ist gestört und man sucht nach einem geeigneten Weg, es diesem Menschen zu verdeutlichen. Noch bliebe in einer solchen Situation genügend Zeit, den Schaden mit etwas Geduld und Fürsorge wieder zu beheben. Aber was tut ein Mensch meist in einer derartigen Situation? Er wird diesem unbequemen Problem auf sehr einfache Art und Weise begegnen. Er rückt seinem gesundheitlich gestörten Körper mit entsprechend geeigneten Medikamenten zu Leibe und vermag damit meist auch die fühlbaren Schmerzen zu beseitigen, aber die eigentliche Ursache dieser Symptome, dieser Schmerzen, sind damit leider weder gefunden noch behoben! Er hat das Problem auf vermeintlich elegante Art gelöst, indem er es kurzerhand übertünchte. Dabei liegt die eigentliche Ursache für das bestehende Problem tief in seinem Inneren verborgen und da man der eigentlichen Ursache auch weiterhin keine Beachtung schenkt, wird sie nun verstärkt nach einem neuen Weg suchen, die Aufmerksamkeit nun etwas massiver auf sich zu ziehen. Diesmal wird sie vielleicht schon zu wirklich drastischen Maßnahmen greifen müssen, um zu verdeutlichen, dass mit betäubenden Medikamenten weder das Gleichgewicht wieder herzustellen war noch die nötige Harmonie, welche so wichtig ist für den Einklang von Seele, Körper und Geist. Eine ernst zu nehmende Krankheit nimmt ihren Lauf und beginnt sich zu manifestieren.

Auch hier kann der aufmerksame Betrachter deutlich erkennen, wie hilfreich es für alle Menschen sein könnte, würdet ihr euch regelmäßig Phasen der Ruhe und Erholung gewähren. Nur dann würdet ihr in der Lage sein, die Stimme eurer Intuition zu vernehmen und jene Bedürfnisse in euch zu erkennen, die ihr vielleicht schon viel zu lange vernachlässigt habt. Vorausgesetzt natürlich, ihr seid nicht zu feige, euch diesen Bedürfnissen zu stellen und ihnen mit gebührender Beachtung zu begegnen.

Wir können gar nicht oft genug wiederholen, wie wichtig es wäre, wenn ihr Menschen endlich wieder lernen würdet, Ruhe in euren Geist, in eure Körper und natürlich in euer gesamtes Leben einkehren zu lassen! Die allerorts von euch Menschen mit so viel Hingabe gepflegte Hektik, welche leider überdeutlich auf dem Planeten Erde herrscht, ist weiß Gott nicht dazu angetan, euer aller Leben auf sinnvolle Weise zu verbessern, und schon gar nicht dazu geeignet, euch glücklich und ausgeglichen zu stimmen. Diese Schnelllebigkeit, die euch tagtäglich umgibt, ist bestenfalls dazu geeignet, die Gesundheit eures Geistes und eurer Körper zu ruinieren. Hast und Eile machen euch blind und taub für jene wichtigen Dinge im Leben, denen ihr mehr Aufmerksamkeit schenken müsstet, damit ihr rechtzeitig Warnsignale erkennen könnt, wenn ihr wieder einmal einen falschen, schädigenden Weg für eure Zukunft eingeschlagen habt. Meist bewegt ihr euch in eurem Leben viel zu lange auf einer falschen, noch dazu eingefahrenen Schiene, auf einem nur scheinbar nützlichen Weg und ihr werdet euch dessen leider meist viel zu spät bewusst - falls überhaupt.

Erkennt ihr es dann doch noch irgendwann im Laufe von Jahren oder Jahrzehnten, dass irgendetwas ziemlich schiefgelaufen ist in eurem Denken und Handeln, in einem jener lichten Moment der Erkenntnis, dann seid ihr darüber frustriert und erschrocken, dass ihr im Eifer des Gefechtes wichtige, nützliche Situationen in eurem bisherigen Leben übersehen oder falsch bewertet habt. Dann wird euch vielleicht sogar auch bewusst, was und warum alles schiefgelaufen ist durch euer eigenes Verschulden, und ihr mögt euch in diesen Momenten sogar fragen, ob euch nun genügend Zeit verbleibt, die durch Ignoranz entstandenen Schäden und sämtliche anderen Fehlentscheidungen noch rechtzeitig zu korrigieren. Ihr mögt euch dann auch fragen, weshalb das alles so gekommen ist. Ihr werdet spätestens in diesen Momenten ernsthafter Überlegung erkennen, dass es in erster Linie tatsächlich dieser Hektik zuzuschreiben ist, die euch abstumpft und dadurch empfänglich macht für alles Schädliche und Nutzlose um euch herum. Ihr alle könntet euch viele unangenehme Lebensumstände ersparen, wenn ihr endlich begreifen würdet, wie wichtig es ist, euren Geist richtig einzusetzen und das Unterbewusstsein entsprechend auf Glück und Erfolg zu „programmieren". Ihr könntet mittels eurer Gedankenkraft einen großen Beitrag leisten, eure Zukunft zu verschönern, sie sogar in vielen Bereichen nach euren Wünschen formen, und dadurch würdet ihr auch einen Beitrag leisten, die überwiegend negativ herrschenden Energieströme auf eurer Erde zu reduzieren. (Wir sprachen ja bereits an, dass euer Planet von negativen Energieströmungen geprägt ist, und werden euch im Anschluss näher erklären, weshalb das so ist).

Zeitersparnis wäre außerdem eine der angenehmen Begleiterscheinungen, wenn ihr lernt, sinnvoll mit euren Energieströmen umzugehen. Vorbei wäre somit auch die Zeit der Hast und Eile, in welcher ihr sehr oft sinnlos und völlig desorientiert mehrere Dinge gleichzeitig begonnen habt, um dann wieder einmal frustriert festzustellen, dass ihr es nicht geschafft habt, alles zu erledigen. Kein Wunder, wer kann schon wirklich effektiv arbeiten, wenn er sich gleichzeitig mit Tausend anderen Dingen gedanklich beschäftigt? Diesem Menschen müssen zwangsläufig irgendwann sämtliche Aufgaben über den Kopf wachsen, sich wirre Gedankengänge ergeben, die wiederum nur zeigen, dass der Geist dieses Menschen überlastet ist. Entsprechend sind dann auch Ergebnisse seiner Handlungen. Echte innere Ruhe, gepaart mit gezielter Konzentration auf das, was man als nächstes zu tun gedenkt, werden immer befriedigende Ergebnisse zeitigen, weil diese Ergebnisse nicht im Chaos tausenderlei Gedanken geboren wurden, sondern aus einer Kraft spendenden Quelle positiver Energieströme. Die Kraftquelle der Ruhe vermag Wunder zu bewirken!

Wenn man aber bedenkt, wie die meisten von euch einen neuen Tag beginnen, kann man sich nur wundern, dass sie sich nicht noch mehr Schaden zufügen, als sie es ohnehin schon tun. Bedenkt! Niemand zwingt euch dazu, die ersten Stunden eines neuen Tages damit zu beginnen, sich den bevorstehenden Tagesablauf in allen nur denkbaren unschönen Situationen vorzustellen. Die Arbeit, die tatsächlich getan werden muss, läuft euch nicht davon! Sie wird warten, bis sie an der Reihe ist und von euch erledigt wird. Ihr seid nach wie vor menschliche Wesen, keine Maschinen oder Roboter, und ihr müsst nicht jeden Tag auf „Hochtouren" laufen, perfekt sein bis ins kleinste Detail. So war es niemals vorgesehen von jener Macht, der ihr eure Existenz zu verdanken habt. Ihr wurdet geschaffen, um im Einklang mit euren Mitmenschen, mit eurer Natur zu leben, um euch jenen Dingen zu widmen, die ihr zum Leben benötigt - nicht mehr und nicht weniger. Im Einklang leben mit der Natur beinhaltet auch, dass man den natürlichen Gesetzen des Lebens folgt, ihnen ihren Lauf gewährt. Seht euch um in eurer Natur. Sie zeigt euch deutlich jene wechselnden Phasen zwischen Ruhe und Aktivität, die sie benötigt, um im Einklang mit den herrschenden universellen Gesetzen zu bleiben. Jedenfalls tut sie das noch in jenen Bereichen, in die ihr Menschen bisher noch nicht gewaltsam eingreifen konntet. Macht euch beispielsweise die ständig wechselnden Jahreszeiten bewusst. Sie werden euch noch am deutlichsten versinnbildlichen, wie wichtig auch der Übergang in die Passivphase sein kann, um in dieser Zeit der Ruhe neue Kraft für neues Leben zu schöpfen. Betrachtet die Tiere, die euren Lebensraum teilen und die ebenfalls dem universellen Gesetz der natürlichen Ruhephase unterliegen, zu bestimmten Zeiten des Jahres.

Universelle Gesetze nehmen keine Rücksicht darauf, dass ihr sie meist missachtet. Sie werden sich deshalb nicht ändern, weil sie so, wie sie vom Schöpfer allen Seins erdacht wurden, dazu beitragen, dem großen Ganzen zu dienen. Sie streben danach, die Harmonie, das Gleichgewicht des Universums, aller Planeten und aller darauf lebenden Wesen aufrecht zu erhalten. Wer sich diesen gültigen universellen Gesetzen nicht anpassen will, oder kann, wird niemals im Einklang mit sich selbst leben können, wird niemals erkennen, wozu seine körperliche Existenz dient.

Doch glaubt nun bitte nicht, dass diese Tatsache etwas mit jenen alten Märchen eurer Religionen zu tun hätte, die euch glauben machen wollen, dass euer Schöpfer euch in eurem Erdendasein für eure Taten büßen lässt und dass es deshalb so vielen Menschen nicht gut geht. Das entspricht nicht der Wahrheit! Der Schöpfer allen Seins ist weder verantwortlich für das, was ihr als Glück empfindet, noch für jene Dinge, die euch unglücklich machen. Er ist kein strafendes Wesen, sondern ein gerechtes Neutrales! Er ist keinesfalls zuständig für Glück oder Unglück. Er lässt jedes Wesen gewähren und eigene Erfahrungen sammeln, für die es daher auch selbst verantwortlich ist. Ihm ist es im Grunde genommen gleich, auf welche Weise jeder von euch die Vollkommenheit der Seele erreicht und wann ein jeder von euch die höchste Stufe seiner geistigen Entwicklung verwirklicht hat. Für das höchste aller Wesen spielt Zeit nicht die geringste Rolle, denn für dieses Wesen ist das, was ihr Ewigkeit nennt, nur eine Sekunde.

SICH RUHE GÖNNEN

Wir möchten nun damit fortfahren, euch noch einige Anregungen zu übermitteln und euch noch einige wichtige Dinge anhand von Beispielen verdeutlichen. Sie betreffen eure Freizeit und wie ihr sie gestaltet.

Beginnen wir mit eurem Urlaub, jener angenehmen Zeit eures Lebens, für die die meisten unter euch so viele Entbehrungen auf sich nehmen, um sie sich erfüllen zu können, und der sie dann mit großer Vorfreude entgegensehen. Doch wie sinnvoll wird diese Zeit von vielen von euch tatsächlich genutzt? Seltsamerweise ist es sogar in dieser wertvollsten Zeit des Jahres - denn als solche betrachtet ihr sie in aller Regel - eine Unart von euch Menschen, von einem Ereignis zum nächsten zu eilen. Ihr wollt nach Möglichkeit alles möglichst schnell und wenn es irgendwie machbar ist noch möglichst gleichzeitig erleben. Ihr erreicht euer Ziel meist ausgelaugt und völlig erledigt und setzt dann in dieser wohl verdienten Freizeit diese unsinnige Hast fort.

Wir können darüber nur staunen, dass ihr selbst in dieser für euch so ersehnten Zeit der Ruhe meist unnatürlich geschäftig und getrieben von einer nicht erklärbaren Unruhe gezeichnet seid! Diese treibt euch beinahe ziellos von einem Ort zum anderen, von einem angestrebten Erlebnis zum nächsten und wenn ihr das vermeintliche Ziel eurer fragwürdigen Wünsche erreicht habt, wisst ihr noch nicht einmal, was ihr dort eigentlich mit euch anfangen sollt. So werdet ihr zu Sklaven eurer selbst!

Der Mensch der heutigen Zeit ist offensichtlich auch unter diesen doch eigentlich recht guten Voraussetzungen für eine nötige Erholungsphase nicht mehr in der Lage, richtig abzuschalten. Er benötigt meist unzählige Anregungen, sinnesbetäubende Eindrücke von Seiten seiner ruhelosen Umwelt. Leider gehört auch das zu den gepflegten Unarten eurer Spezies. Es herrscht bei euch eine regelrechte Sucht, sich zu betäuben, sei es nun durch unzählige Geschäftigkeiten, durch berauschende Mittel, überflüssige, nichtssagende Gespräche oder durch exzessive sportliche Betätigungen, die in dieser Form keinesfalls gesundheitsfördernd sind, nicht zu vergessen die vielen verbrachten Stunden mit Nerven aufreibenden Fernsehsendungen, denen ihr euch beinahe wahllos ausliefert. Ganz offensichtlich scheint ihr vor euch selbst davonzulaufen. Will euch jemand darauf aufmerksam machen, so weicht ihr aus, streitet es ab, weil ihr selbst nicht wisst, weshalb ihr euch so verhaltet. Ihr pflegt verbissen das unsinnige Gefühl, es müsse pausenlos Aktivität herrschen in eurem Leben und es müsse ständig etwas geschehen.

Wir fragen uns, was ihr mit diesem Verhalten bezwecken wollt. Ihr beklagt euch einerseits regelmäßig darüber, dass ihr kaum noch genügend Zeit findet, um euch zu regenerieren oder eure Wünsche in die Tat umzusetzen, um dann andererseits - wenn ihr die gewünschte Zeit der Ruhe zur Verfügung habt - nicht zu wissen, was ihr nun mit euch selbst anfangen könntet. Schon wird die nächste sich bietende Gelegenheit ergriffen, um sich abermals in Aktivitäten zu stürzen. Ihr schreit nach Ruhe, tut aber kaum etwas dafür, diese Ruhe dann auch tatsächlich zu genießen und sie entsprechend lange - eurer natürlichen Bedürfnisse entsprechend - zu erhalten. Die Gesichter vieler Menschen zeigen untrügerische Merkmale dieser geistigen, unsteten Haltung, die alles andere als eurer eigentlichen Natur entspricht und weit davon entfernt ist, euch ausgeglichen und zufrieden leben zu lassen.

Die Stimmung der Hast - geboren aus der üblen Angewohnheit, dem Körper gedanklich vorauszueilen - macht euch gereizt und krank und lässt auch eure körperliche Haltung leiden. Ein Mensch der es gelernt hat, seinen Geist zu konzentrieren und seinen Körper zu beherrschen, der sich daran gewöhnt hat eins zu sein in sich selbst, wird seine Kraft gezielt darauf verwenden, die wirklich wichtigen, aber auch die angenehmen Dinge in seinem Tagesablauf gelassen anzunehmen, und zwar in einer von ihm bestimmten Reihenfolge. Dieser Mensch wird sich dabei gedanklich nicht verheddern oder in den altgewohnten Trott verfallen. Er wird konkret zu sagen wissen - schon deshalb, weil er seinem Instinkt vertraut -, dass Phasen der Ruhe nicht weniger selbstverständlich sind wie die Phasen der Arbeit und des Aktivseins. Er wird nicht rastlos von einem Punkt zum nächsten hasten und sich um jene Dinge sorgen, die erst in Stunden, Tagen, Wochen oder Monaten erledigt sein wollen. Er wird sich nicht von jenen Hektikern um ihn herum anstecken lassen, die mit diesem verzweifelten Versuch von Eile nicht nur sich selbst von ihrer unübertrefflichen Aktivität überzeugen wollen, sondern in deren Absicht auch meist der Gedanke verborgen liegt, anderen ihre Tüchtigkeit zu beweisen. Diese innerlich Ruhelosen, schaffen es nicht einmal, auch nur für fünf Minuten bewegungslos dazusitzen! Ständig sind sie in Bewegung, denn sie sind innerlich zerrissen, nervös und wirken wie gehetzte Tiere. Sie wollen gefallen, um jeden Preis andere Menschen beeindrucken, indem sie vorgeben, immerzu beschäftigt zu sein mit „wichtigen" Arbeiten, welche natürlich sofort erledigt werden müssen - von ihnen selbst, weil andere vielleicht nicht fähig sind dazu. Und sie verbreiten dennoch nichts weiter als unangenehme Geschäftigkeit, die den aufmerksamen Betrachter nicht von den eigentlichen Beweggründen ablenken wird, die hinter diesem nervösen Verhalten verborgen liegen. Blender sind sie meist, nach Anerkennung Heischende, die allen Ernstes von sich glauben, ohne sie würde sich nichts im Leben bewegen, würden sich keine Erfolge einstellen.

Welch fragwürdige Taktik, wenn man bedenkt, wie nahe sie sich vielleicht schon an einen Herzinfarkt heran gearbeitet haben. Wie beneidenswert sind hingegen doch jene Menschen, die sich auf das wirklich Wesentliche im Leben konzentrieren. Sie können euch zeigen - auf eine stille, subtile Art -, wie sich die Dinge des Lebens, mit der Leichtigkeit des Seins erledigen lassen.

PASSIVPHASEN: DIE KONSTRUKTIVE NUTZEN, DIE DESTRUKTIVE ERKENNEN UND MEIDEN

Wie ihr nun aus verschiedenen unserer Darstellungen wisst, empfangt ihr unaufhörlich universelle Energieströme und solche, die euch von anderen Menschen zugetragen werden. Nun möchten wir noch ein wenig näher erklären, wann und unter welchen Bedingungen eure Energien positiv zu bewerten sind, und wann man von einem negativen Zustand sprechen kann.

Wenn ihr kommuniziert, Gedanken zu Papier bringt, über bestimmte Dinge nachdenkt oder sonstige Tätigkeiten praktischer, kreativer oder sportlicher Art ausübt, so befindet ihr euch in einem positiven, aktiven Bewusstseinszustand. Ansonsten befindet ihr euch in jenem Zustand, den wir den negativen, oder passiven nennen wollen. In diesem negativen, passiven Zustand nehmt ihr negative Kräfte und Energien in euch auf, die euch zeitweise Schaden bringen. Im aktiven Zustand werdet ihr von Nutz bringenden Energien gespeist.

Bleiben wir aber vorerst beim passiven Zustand. Da es auch jene Geistesströme gibt, die man durchaus als äußerst negativ bezeichnen könnte, weil sie vielleicht gerade dem Geist der breiten, negativ gestimmten Masse angehören, wird ein Mensch im passiven Zustand selbst wenn er sich nur ein oder zwei Stunden unter negativ Gestimmten bewegt oder vielleicht gerade von hasserfüllten, streitsüchtigen, kriminellen oder anderen negativ gestimmten Menschen umgeben ist, deren Energien ungefiltert wie ein Schwamm absorbieren. Diese Energien können auf Dauer für Krankheiten und zerstörerische Kräfte verantwortlich sein, die sich auf sehr unterschiedliche Weise äußern können. Je nach Veranlagung und Konstitution eines Menschen werden sie sich physisch oder psychisch zu manifestieren suchen.

Diese negativen Energieströme sind deshalb so schädlich für jene Menschen, die darüber nichts wissen, weil man sie nicht sehen kann, und wenn man sie zu spüren bekommt, so weiß man sie nicht zu deuten. Sie wirken mit subtiler Gewalt auf den Menschen ein, vielleicht sogar geheimnisvoll aus der Sicht jener, die über das Vorhandensein dieser Energieströme nicht Bescheid wissen.

Nun müssen diese Energien nicht unbedingt sofort auf jemanden einwirken; das ist sehr individuell und kommt ganz auf die grundsätzliche Verfassung des einzelnen an. Aber sie *werden* auf den Menschen einwirken, sofern er sich nicht mental abzuschirmen weiß. Dies kann unter Umständen erst nach Tagen erfolgen, nachdem man sich diesen Energien der Masse aussetzte. Ein davon Betroffener, der sich bisher zwar der Tatsache ihres Vorhandenseins bewusst war, jedoch außer Acht ließ, dass sie vielleicht bei ihm erst nach Tagen wirken, wird in solch einer Situation nicht ahnen können, wodurch der plötzliche Stimmungswandel in ihm ausgelöst wurde. Er registriert jetzt zwar seinen negativen Zustand, sein geistiges und körperliches Tief, wird ihn aber nicht richtig zuzuordnen wissen. Er mag dadurch dem Irrtum unterliegen, die Ursache dieser Missstimmung läge ganz woanders begründet, zum Beispiel in der jetzigen Situation bezüglich seiner Arbeit oder seiner Partnerschaft. Hier mag es zu diesem Zeitpunkt tatsächlich auch Spannungen geben, aber die eigentliche Ursache für seine angestellten Vermutungen sind sie sicherlich nicht.

Für jene von euch, die sich im passiven Zustand befinden, ist es sehr wichtig zu wissen, wo man sich während dieser Kraft raubenden Zeit aufhält und vor allen Dingen mit wem man die Zeit während dieses Zustandes verbringt. Denn auch das kann mit entscheiden, wie lange dieser Zustand anhalten wird, der eigentlich nur dazu dienen soll, euch darauf aufmerksam zu machen, dass ihr Ruhe und Erholung braucht und dass ihr nun verstärkt auf Einflüsse von außen achten solltet. Dieser Zustand dient nämlich nicht dazu, euch noch weiter in das schwarze Loch der Missstimmung oder Depression zu reißen oder in einen anderen, ähnlich unangenehmen Seinszustand. Die Passivphase kann, richtig genutzt, auch positive Züge in sich bergen, sofern ihr lernt, mit ihr in entsprechender Weise umzugehen. Aber dieser Zustand kann euch bei mangelnder Aufmerksamkeit auch in Situationen hinein manövrieren, in denen euch - im schlimmsten Fall für einen längeren Zeitraum - jegliche Lebenslust vergeht. Deshalb wäre es wichtig, wenn ihr lerntet, den Wechsel von einer Phase zur anderen rechtzeitig zu erkennen und dem entsprechende „Schutzvorkehrungen" zu treffen.

Ihr solltet berücksichtigen oder besser gesagt nicht vergessen, dass, wenn ihr nach mehreren Stunden anstrengender geistiger oder ermüdender körperlicher Arbeit vom aktiven Zustand in den passiven überwechselt, ihr diesem Zustand ungeteilte Aufmerksamkeit widmen müsst, und sei es auch nur einige Minuten, in denen ihr euch jener von uns geschilderten Meditation bedient. Lasst euch erst gar nicht hinreißen, diesen Wechsel zu unterdrücken oder, was noch schlimmer wäre, ihn der Bequemlichkeit halber zu ignorieren. Macht euch diesen Wechsel zum passiven Zustand bewusst, ohne euch in negative Stimmung hineinziehen zu lassen, und handelt entsprechend. Natürlich könnt ihr auch gar nichts tun, wenn ihr gerade Gelegenheit dazu habt, und dabei versuchen, die unterschiedlichen Gefühle bewusst zu registrieren, die nun unaufhaltsam in euch aufsteigen, weil ihr vielleicht ganz einfach neugierig geworden seid und ganz genau erleben wollt, was weiter geschieht, wenn ihr es geschehen lasst. Aber lasst trotzdem Vorsicht walten, wenn ihr euch dieser Stimmung einfach hingebt, denn die Bedingungen hierfür sollten sorgfältig bedacht sein. Ihr könntet euch allzu leicht in den negativen Gedankenstrom hinein reißen lassen.

Ideal für die passive Phase wäre entweder der Rückzug in einen passenden, ungestörten Raum (und sei es nur für eine halbe Stunde) oder, falls man die Zeit dafür findet, ein kurzer Spaziergang in freier Natur, oder man umgibt sich mit vertrauten Menschen, die nicht noch zusätzlich diesen Zustand verstärken.

Falls ihr euch aber im Zustand der Erschöpfung in unruhige, hektische Menschenmassen hinein wagt, so wird diese euch womöglich nicht einmal mehr aussaugen können, weil in euch kaum noch Energie vorhanden ist, aber ihr würdet - wenn auch nur vorübergehend - von deren destruktiver Denkweise etwas in euch aufnehmen und euch damit noch größeren Schaden zufügen. Auf diese Weise könnt ihr euch unter Umständen mit enormen unsichtbaren mentalen Gewichten beladen, die euren Körper noch mehr ermüden und euren Geist erst recht nicht zu seiner gewohnten Ruhe finden lassen. Ihr könntet plötzlich - ganz gegen eure Gewohnheit - aggressiv werden, vielleicht sogar boshaft und neidisch, obwohl euch diese menschlichen Eigenschaften normalerweise fremd sein mögen. Es könnten in diesem Zustand auch Menschen in euer Leben treten, die ihr sonst - unter normalen Umständen - noch nicht einmal wahrnehmen würdet, geschweige denn mit ihnen sprechen oder verkehren. Und zwar deshalb, weil ihr momentan auf deren Frequenz schwingt. Aber das ändert nichts an der Tatsache, dass diese Menschen sich von eurer eigentlichen natürlichen Grundeinstellung und eurer geistigen Haltung grundlegend unterscheiden. Sie weichen gänzlich ab von eurer gewohnten Art zu denken, sie haben absolut nichts gemeinsam mit euch und eurer üblichen Gesinnung.

Und vielleicht zählen sie sogar zu den niederen Geistern. Es handelt sich in solch einer Situation dabei vielleicht um jene, die sich nicht - wie ihr selbst - lediglich vorübergehend in einer passiven Negativphase befinden, sondern sie gehören meist jener Gruppe an, die die meiste Zeit ihres Lebens in diesem unangenehmen, negativen Zustand verbringen. Sie müssen noch nicht einmal zu den kriminellen Elementen gehören, die natürlich ebenfalls die meiste Zeit ihres Lebens im Strom negativer Energien existieren. Entsprechend ihrer regelmäßig gepflegten Grundeinstellung aber, gehören sie keinesfalls eurer natürlichen Gesinnung an. Das würdet ihr sehr bald feststellen können, sollte sich aus einer derartigen Bekanntschaft ein regelmäßiger Kontakt entwickeln.

Leider gehört die Gruppe vieler Langzeitkranker (egal, ob physisch oder psychisch) ebenfalls jenem negativen Energiestrom an. Sie verweilen zwar ungewollt in dieser negativen Grundeinstellung, ebenfalls gespeist vom Strom Kräfte raubender, passiver Energie, haben aber letztendlich irgendwann in ihrer Vergangenheit unwissentlich das Kräfte raubende Tor zu dieser Frequenz geöffnet. Aber es muss nicht zwangsläufig so sein, dass sie in diesem Zustand gefangen bleiben. Jeder Mensch - ausgenommen jene, die unter einer extremen Geisteskrankheit leiden und nicht mehr in der Lage sind, für sich selbst Entscheidungen zu treffen - kann einen Weg finden, der ihn aus dem Zustand dauerhafter Passivität und negativer Grundeinstellung heraus führt.

Das waren nur einige Bespiele, um euch anschaulicher zu erklären, in welch unterschiedlichen Situationen ihr euch wiederfinden könntet und was euch in einer eurer Passiv- oder Negativphasen alles begegnen könnte. Es waren Beispiele, die zu den Ausnahmen zählen, aber wir wollten damit auch zeigen, dass es in diesem Bereich keine festgelegten Regeln gibt.

Ihr solltet eure eigenen Erfahrungen sammeln, jetzt, wo euch die Zusammenhänge eurer Stimmungen bewusst geworden sind. Seid aufmerksame Beobachter, denn ihr werdet im Leben sicherlich noch oft auf Menschen treffen, die zu den von uns geschilderten Extremfällen zählen werden - egal ob in positiver oder negativer Hinsicht - und es kann für euch sehr aufschlussreich sein, wenn ihr diese Menschen einzuordnen wisst.

Auf vorschnell gefasste Werturteile solltet ihr dabei allerdings verzichten, ja ihr solltet über diese Menschen überhaupt nicht urteilen! Sammelt Erfahrungen durch sie;

damit könnt ihr euer Wissen enorm erweitern. Aber in erster Linie, befasst euch mit euch selbst, mit euren Lieben, die euer Leben teilen. Lasst sie teilhaben an eurem Wissen - wenn sie das wünschen! Ihr habt nicht das Recht, unaufgefordert in das Leben anderer einzugreifen. Wenn sie das ausdrücklich möchten, dann versucht ihnen zu helfen, indem ihr für sie da seid, sie aufklärt und in dem ihr ihnen solange geduldig zur Seite steht, wie sie es brauchen.

Vergesst dabei aber bitte nicht: Jeder Mensch hat nicht nur das Recht, für sich selbst verantwortlich zu sein, sondern auch die Pflicht! Und er sollte frei für sich entscheiden können, was er tun will und was er aus persönlichen Gründen ablehnen möchte. Zwingt anderen Menschen also nicht euren Willen, euer Wissen auf, auch wenn ihr es nur gut meint mit euren Mitmenschen. Jeder hat die Wahl, sich mit Menschen gleichen Geistes zu umgeben oder jene zu meiden, von denen er glaubt, sie könnten ihm mental schaden - und diese Entscheidung kann kein anderer für ihn treffen.

Wenn ihr euch nun unter jenen Menschen bewegt, die eure momentane negative Phase verstärken, so kann es mitunter durchaus passieren, dass ihr für die Dauer dieser Zeit eure wertvollen Ziele aus den Augen verliert, jene Gedanken und Pläne, die um eure Zukunft kreisten und welche ihr noch vor kurzem so deutlich vor euch sehen konntet. Sie können in diesem Passivzustand urplötzlich aus euren Gedanken verschwinden, sich verbergen in einer unüberwindbaren Wand aus düsterem Nebel oder sich auflösen in ein Nichts. Keine Sorge, wenn sie gut für euch sind, diese Pläne für die Zukunft, über die ihr so viele Stunden oder Tage gebrütet habt, so werden sie spätestens dann wieder auftauchen, wenn ihr wieder in die aktive, positive Phase über wechselt.

Es kann durchaus auch sein, dass ihr da, wo ihr euch sonst stark und ausgeglichen fühltet, plötzlich und aus unerklärlichem Grund düstere Gefühle der Angst empfindet. Intensive Gefühle dieser Art können auftreten, die eure sonst gewohnte Lebensfreude unter ihrer erdrückenden Last begraben und eure in diesem negativen Zustand gehegten Zweifel schüren und verstarken.

Vielleicht werdet ihr auch in den Augenblicken dieses - für manche von euch - verwirrenden Zustandes Fehlentscheidungen treffen, einen Streit mit nahe stehenden Menschen anzetteln, Essen in euch hinein schlingen oder euch bis zum Umfallen betrinken, Dinge kaufen, die ihr gar nicht wirklich benötigt, oder sonstigen Unfug treiben. Alles beinahe alles ist möglich in solch einem Extremzustand! Doch dieser entspricht keinesfalls der Regel - jedenfalls nicht für jene von euch, die sich unter normalen Umständen in einer überwiegend positiven Grundeinstellung befinden. Jeder Mensch wird entsprechend individuell auf gebotene Situationen reagieren und deshalb vermögen wir nicht alle Möglichkeiten aufzuzählen, welche sich im Zustand körperlicher und geistiger Erschöpfung ergeben könnten. Doch es werden dann in einer solchen Phase nicht unbedingt eure ureigenen Gedanken sein, welche euch zu diesen ungewohnten Handlungsweisen veranlassen, sondern das gewaltige Potenzial unzähliger Gedanken anderer, in welches ihr euch ungewollt eingeklinkt habt.

Gewährt euch die nötige Zeit, das geistige Reservoir zu erneuern, indem ihr den Inhalt eurer Gedanken ab und an wechselt. Auch müsst ihr nicht annehmen, man könnte seinen Geist dahin gehend trainieren, sich nur noch im positiven, aktiven Zustand aufzuhalten. Das ist natürlich nicht möglich und es wäre auch keinesfalls sinnvoll! Der menschliche Geist fände dadurch keine Gelegenheit, sich weiter zu entwickeln, Erfahrungen zu sammeln oder wertvolle Einfälle so weit zu vervollkommnen, dass daraus gute Ergebnisse wachsen können. Ihr würdet dadurch geistig verarmen, obwohl ihr vielleicht annehmt, dieser kontinuierlich andauernde aktive Zustand eures Geistes sei ein stets bereichernder Zustand. Fortschritt und Entwicklung ist nur dann möglich, wenn Gegenpole zur Verfügung stehen und sich gegenseitig herausfordern. Es gibt nun einmal gegensätzliche Elemente und das hat durchaus seinen Sinn.

Haltet aber bewusst die negativen Einflüsse von „außen" ab, jene Energieströme der Masse, die euch schädigen und euren eigenen negativen Zustand verstärken. Doch unterdrückt nicht eure Passivphase, denn sie gehört zu euch und zu eurem Leben! Ein Mensch im dauerhaften positiven Zustand würde dazu neigen, sich nicht die Zeit zu gewähren, die aber nötig ist, neue Situationen, neue Möglichkeiten gewissenhaft zu durchdenken. Die aktive Phase lässt kaum Raum für Ruhe und Erholung - jene wichtigen Voraussetzungen, welche neue Ideen erst reifen und wachsen lassen können. Auch diese Tatsache solltet ihr euch bewusst machen.

Wie man die Passivphase als Dauerzustand verlässt

Nun aber wollen wir noch ein wenig von jenen Menschen berichten, deren eigentlicher Zustand der passive ist und die nur sehr selten - meist gar nicht - einen Versuch wagen, den Zustand der Aktivität, der Positivphase zu erreichen. Sie sind die eigentlichen Bedauernswerten, denn sie verfügen durch ihre geistige Haltung nur über sehr geringe Chancen, sich ihr Leben einigermaßen erfreulich zu gestalten. Ihr Zustand ist keinesfalls vergleichbar mit jenen Menschentypen, die einer natürlichen Uhr folgend abwechselnd von der positiven, aktiven Phase in die negative, passive Phase wechseln. Diese Geschöpfe zeichnen sich durch mangelndes Vertrauen zu sich selbst und in die eigenen Fähigkeiten aus. Sie verfügen über geringe Energie und ebenso schwach ist es um ihre Gesundheit bestellt, die schon bald durch Krankheit und Verfall verdrängt wird. Sie sind sehr leicht aus ihrer Lebensbahn zu werfen und neigen dazu, sich voreilig anzupassen, ohne lange zu überlegen, ob die geltende Meinung anderer auch für sie von Vorteil ist. Sie tun es aus Feigheit oder aber, weil es für sie so am bequemsten ist. Diese geistige Haltung erfordert keine echte eigene Anstrengung und sie sind durch ein scharfes, zynisches Wort eines Mitmenschen sofort entmutigt. Ein ironisches Lachen wird sie von ihren Plänen abzubringen wissen oder sie nutzen dieses Lachen des anderen als Grund, ihr Vorhaben aufzugeben, weil sie ohnehin keine rechte Lust verspüren, sich einer Sache ernsthaft zu widmen.

Diese Menschen gewähren jeglichem geistigen Abfall Raum - solange, bis nichts mehr an Schmutz in sie hinein passt und sie immun geworden sind gegen jene wertvollen Energieströme positiver Kräfte. Irgendwann in ihrem Leben werden sie gänzlich unfähig, Empfänger positiver Energien zu sein, und verkümmern regelrecht in ihrem Zustand. Sie haben es versäumt, sich rechtzeitig vor dem negativen Energiestrom der Masse zu schützen.

Doch auch sie könnten mit den letzten Gedankenreserven einen Weg finden, der sie aus dem düsteren, destruktiven Dunkel ihres Lebens heraus führt. Anstatt sich hinter missgünstigen Gedanken und Seelenschmerz zu verbergen, sich in jene Krankheiten zu flüchten, welche ihr Verhalten vor ihren Mitmenschen rechtfertigen sollen, oder irgendwann im Laufe der Jahre psychosomatischen Beschwerden Zugang zu gewähren, sollten sie sich statt dessen einige unserer Empfehlungen und geistigen Übungen zu Herzen nehmen und damit beginnen, diese Ratschläge in die Tat umzusetzen.

Ohne großen Aufwand, ließe sich ihre Lebenssituation verbessern - natürlich nicht binnen weniger Wochen und Monate, denn sie gewährten sich in aller Regel großzügig viele Jahre, um so zu werden, wie sie jetzt sind. Sie dürfen nun nicht erwarten, dass dieser Schaden, den sie selbst zu verantworten haben, sich nun von heute auf morgen beheben wird. Aber es ist nichts dagegen einzuwenden, wenn sie jetzt damit beginnen. dem seelischen und körperlichen Morast zu entkommen, und dabei ebenso verbissen ans Werk gehen wie zu jener Zeit, als sie sich in ihre negative Lebenssituation hinein begeben haben. Wenn sie erst einmal mit dieser Arbeit begonnen haben und die nötige Geduld und Ausdauer zeigen, werden sie sich durch den mentalen Schutz und ihrem Willen, sich den positiven Energieströmen anzuschließen, schon bald wieder kraftvoller und sehr viel ausgeglichener fühlen.

Zuerst einmal wäre es wichtig, dass sie den Rest ihrer noch vorhandenen Energien stärken, indem sie beispielsweise damit beginnen, sich so oft als möglich in freier Natur zu bewegen. Lange Spaziergänge im Wald wären empfehlenswert, anstatt sich zu Hause zu verkriechen oder in der Stadt herumzulaufen, um dort all jene Energien zu absorbieren, welche ihr Leiden nur noch verstärken. Die Natur mit all ihren Schönheiten wird helfen, ihre Batterie neu zu laden, und der liebevolle Umgang zu einem freundlichen Haustier könnte hier ebenfalls wahre Wunder wirken - wobei es in unseren Augen einer unverzeihlichen Handlung gleichkäme, wenn man sich nur aus selbstsüchtigen Zwecken ein wehrloses Geschöpf nach Hause holte und es, sobald man genesen wäre, wieder abschöbe wie ein lästiges Anhängsel; so ist unser Vorschlag selbstverständlich nicht gemeint.

Energie geschwächte Menschen täten gut daran, diesem selbst auferlegten Teufelskreis so schnell als möglich zu entfliehen! Gerade jene, die sich bereits in sich selbst zurückgezogen haben und den Weg zur Außenwelt nun fürchten - sie dürfen nicht länger warten, denn sonst könnte es tatsächlich zu spät sein für eine Wende zum Besseren. Sie sollten täglich mindestens eine halbe Stunde bis Stunde dafür verwenden, sich mit intensiven, konzentrierten Gedanken den Schönheiten der Natur zu widmen, selbst wenn das Wetter nicht unbedingt einlädt, sich nach draußen zu begeben. Mit entsprechender Bekleidung ist auch das kein Hindernis! Sie sollten unbedingt auch wieder lernen, alles Schöne um sie herum bewusst wahrzunehmen, sich daran zu erfreuen, auch Kleinigkeiten, vermeintliche Nebensächlichkeiten, die in der Natur zu sehen sind, registrieren und die vielseitigen, motivierenden Bilder bewusst in sich aufzunehmen!

Den Willen zeigen, sich nicht mehr gehen zu lassen, sich dem Sumpf destruktiver Gedanken hinzugeben und dagegen anzugehen, Missgunst jenen Menschen gegenüber zu empfinden, denen es in ihrem Leben besser zu gehen scheint. Sie sollten jeden boshaften Gedanken verbannen, sobald sie fühlen, dass er in ihnen aufsteigt. Schon gar nicht sollten sie sich dazu hinreißen lassen, diese boshaften Gedanken auf andere Menschen mental „abzuschicken", nur weil man ihnen was auch immer neiden mag!

Schöne, angenehme Gedanken hegen, das wirkt ungemein beruhigend auf Seele, Körper und Geist. Sich an den vielzähligen Schönheiten der Natur zu erfreuen, das zieht unweigerlich positive Gedanken in das Leben eines jeden Menschen. Und dadurch wiederum werden natürlich auch positive Erlebnisse herbei gedacht, regelrecht angezogen durch die Macht der Gedanken. Sie werden sich alsbald einen Weg zur Realisierung suchen. Schrittweise wird es geschehen und anfangs vielleicht kaum merklich, aber mit der Zeit und etwas Geduld wird man sich der kleinen positiven Veränderungen dennoch irgendwie bewusst werden. Sie werden sich nach und nach häufen und verstärkt im Leben dieses Menschen in Erscheinung treten. Je intensiver er sich mit dieser Kunst der Lebensgestaltung beschäftigt, desto reicher wird die Ernte ausfallen.

Auch das sollte man sich in einer Situation der Niedergeschlagenheit, der Angst, des Lebensüberdrusses, der Krankheit oder sonstiger unangenehmer oder bedrohlich wirkender Umstände Tag für Tag bewusst machen, auch wenn es anfangs schwer fallen mag, zumindest in den ersten, zaghaften Versuchen diesen Situationen mit Entschlossenheit entgegenzutreten. Vielleicht wird man sich auch regelrecht überwinden müssen, seinem ins Stocken geratenen Leben eine Wende hin zum Guten, zum Lebenswerten zu geben - aber es würde sich zweifelsohne lohnen!

Natürlich sollten gerade auch jene belasteten Menschen sich davor hüten, von den Problemen und Sorgen ihrer Mitmenschen überschüttet oder erdrückt zu werden. Sie werden sich öfter, als es ihnen recht sein mag, in einer solchen Situation wiederfinden, weil es ja einem Natur gegebenen Gesetz entspricht, dass Gleiches wiederum Gleiches anzieht wie ein unsichtbarer Magnet. - Ein Grund mehr für den Betroffenen, in einer entsprechenden Situation gewissenhaft darauf zu achten, negativ verstärkende Umstände und Menschen für die Zeit der eigenen Regeneration zu meiden. Wenn man es zulässt, dass man nun auch noch zusätzlich mit deren Ballast überschüttet wird, so schwinden die Chancen erheblich, einen direkten und schnellen Weg aus dem bedrückenden Dunkel ins Licht zu finden. In einer erschwerten Lebenssituation - und in einer solchen befindet sich dieser Mensch zweifelsohne, wenn er daran arbeitet, aus dem Sumpf des Passiven heraus zu gelangen - bleibt für andere belastete Zeitgenossen kein Raum für Gefühle des Mitleids oder sonstiger emotionaler Anteilnahme.

Das mag für den einen oder anderen unter euch brutal oder egoistisch wirken. Doch es ist nun einmal Fakt, dass es in solch einer Situation in erster Linie um die Wiederherstellung der eigenen Person, der eigenen Gesundheit geht, um die eigene Zukunft, ums eigene Überleben! Hier ist sich jeder selbst der Nächste - ausnahmsweise!

Wenn so ein Mensch dann wieder „hergestellt“ ist, seine destruktive Phase, in der er sich über Jahre hinweg bewegt hat, überwunden ist und wenn sich dieser Mensch dann wieder stark und ausgeglichen fühlt, so darf er natürlich wieder damit beginnen, einen Teil seiner überschüssigen positiven Energie für andere zur Verfügung stellen. Allerdings mit der Einschränkung, dass er sich natürlich sehr wohl überlegen sollte, an wen er diese wertvolle Energie weitergeben will. Er sollte sehr genau darauf achten, dass er seine überschüssige Energie künftig nur mit jenen Menschen teilt, die seiner eigenen Grundstimmung angehören, Menschen gleichen Geistes - und natürlich nur zu einer gewissen Zeit, dann nämlich, wenn er absolut sicher ist, dass er sich gerade in der aktiven Positivphase befindet.

Diese Selbstkontrolle ist allerdings nur dann möglich, wenn dieser Mensch gelernt hat, den richtigen Zeitpunkt zu erkennen, also wenn er bewusst wahrnehmen kann, wann er gerade von einer Phase in die andere überwechselt. Er sollte hierbei keinesfalls vergessen, dass es in seiner Vergangenheit genau dieses Nichterkennen war, welches ihn in einem ungesunden Ausmaß in sein geistiges und körperliches Ungleichgewicht, seine Ängste, Krankheiten, Depressionen, Aggressionen usw. hinein manövrierte. Keinesfalls sollte man sich deshalb aus falscher Eitelkeit oder Scham scheuen, seinen Mitmenschen energisch Einhalt zu gebieten, wenn sie sich wieder einmal - Parasiten gleich - der kaum vorhandenen oder neu gewonnenen Energie bedienen wollen, indem sie ihren eigenen Seelenmüll ungeniert auf andere abladen.

Erwartet nicht zuviel von euren Mitmenschen, schon gar nicht, dass sich die meisten eurer Artgenossen rücksichtsvoll oder gar sensibel und einfühlsam zeigen, wenn es darum geht, etwas von einem anderen zu erhalten! Erwartet nicht, dass sie euch mit der gleichen Sensibilität begegnen, die sie sich selbst zukommen lassen, oder - von anderen Mitmenschen erwarten. Wir sprechen hierbei natürlich nicht vom Menschen des Typs D. Dieser ist die absolute Ausnahme und käme erst gar nicht auf die Idee, einem anderen Schaden zuzufügen. Doch die meisten eurer Mitmenschen werden kaum wissen wollen oder gar intensiv fühlen können, wann ihre Gegenwart einem anderem Menschen zu viel geworden ist, und schon gar nicht werden sie sich die Frage stellen, warum sie sich nun nicht mehr nach Belieben bedienen sollten!

In solch einer Situation hilft nur ein klärendes Gespräch. Erwartet aber nicht, dass ihr mit ehrlich gemeinten Worten bei diesen Menschen auf Verständnis stoßt! Wer von jenen Energiesaugern wird schon gerne hören wollen, dass der andere sich gerade in diesem Augenblick nicht in ein destruktives Gespräch einlassen möchte, weil er sich nicht schwächen lassen will oder weil ihm der Sinn im Moment nicht nach Problembewältigung für andere steht? Wer mag schon hören wollen, dass man nun gerade keine Zeit für ihn hat? Dass man vielleicht gerade selbst mit sich im Konflikt steht?

Das aber sollte jenen Menschen, der gerade in mühevoller Kleinarbeit den Weg zum geistigen und körperlichen Ausgleich und zur inneren Harmonie wiedergefunden hat, nicht weiter beeindrucken! Ein gesunde Portion Egoismus während dieser Zeit der Regeneration ist unerlässlich, wenn er diesen neu gewonnenen positiven Zustand festigen und länger aufrecht erhalten will!

Vergesst eure starren, nichts bringenden Regeln, welche ihr euch selbst erstellt habt oder die man euch in der selbstsüchtig orientierten „Gesellschaft" auferlegen will, um entsprechende Vorteile daraus zu ziehen. Vielleicht mag anfangs noch der ausgeprägte menschliche Herdentrieb euch dabei ein wenig im Wege stehen, denn wenn man neue, unentdeckte Wege beschreitet, ist man den meisten anderen suspekt. Vielleicht ist man auch - zumindest für eine gewisse Zeit - ein wenig einsam, bei der Suche nach neuen, unerschlossenen Wegen. Und wenn schon! Ist das wirklich so schlimm, sich von der gewohnten Herde zu entfernen, die ohnehin mehr Schaden als Nutzen brachte?

Warum legt ihr Menschen so großen Wert darauf, dass ihr von allen anderen anerkannt und geliebt werdet? Habt ihr euch schon einmal bewusst gemacht, dass ihr alle nur möglichen Aktivitäten auf euch nehmt, nur um von Menschen geliebt und akzeptiert zu werden, die, ganz genau betrachtet, gar nicht wirklich eure Freunde sind? Wären sie es, dann würden sie eure stummen Bitten intuitiv erkennen und dementsprechend handeln! Sie würden sehr genau wissen, wann sie während eines Gespräches über ihre Sorgen, Probleme und andere belastende Dinge eure geistige und seelische Schmerzgrenze erreicht haben. Ein wahrer Freund ist eine geistig verwandte Seele und ein Seelenverwandter stellt Liebe und Freundschaft nicht leichtfertig aufs Spiel, indem er den anderen über die Maßen strapaziert und auslaugt.

So könnt ihr leicht unterscheiden: Menschen, mit denen ihr regelmäßig Kontakt pflegt und die nicht in der Lage sind, euch mit gebührendem Respekt und der nötigen Rücksichtnahme zu begegnen, sind sicherlich nicht der rechte freundschaftliche Umgang. Wenn sie einfachste Regeln nicht beachten können in ihrem grenzenlosen Egoismus, so ist das der beste Beweis, wie wenig wichtig ihr diesen Menschen tatsächlich seid, ganz egal, was immer sie euch auch vorgeheuchelt haben mögen. Was sind schon Worte? Achtet auf Taten und vor allen Dingen achtet auf die feine, leise Stimme eurer Intuition! War nicht sie es, die euch vor bestimmten Personen, die euren Weg kreuzten, warnte? Warum habt ihr nicht auf sie gehört?!

Ein wahrer Freund wird Verständnis zeigen, wenn ihr ihm sagt, was euch bewegt, oder wenn ihr ihm sagen müsst, dass ihr im Augenblick lieber allein sein wollt. Er wird sich ganz sicher nicht beleidigt in den Schmollwinkel zurückzziehen oder sich gar von euch distanzieren - womöglich noch mit dem Hintergedanken, euch damit ein schlechtes Gewissen einzupflanzen. Dieser Taktik bedienen sich sehr viele Menschen, meist sogar, werdet ihr solchen Menschen im engsten Kreise eurer Familien begegnen.

Wir bestreiten keinesfalls, dass es im Leben eines Menschen nicht viele echte Freundschaften geben wird! Aber siegt letztendlich nicht die Qualität einer wahren Freundschaft über die nichtssagende Quantität der breiten, großen Masse?

Wem also wollt ihr mit diesem unsinnigen Verhalten, es jedem recht machen zu wollen, etwas beweisen? Euch selbst? Nein? Anderen etwa? Wenn ja, - wozu? Ihr werdet euch dadurch wohl kaum einen goldenen Platz im Himmel schaffen! Den „erwirbt“ sich jeder Mensch durch ganz andere Voraussetzungen, die sicherlich nichts damit zu tun haben, dass man nach der Pfeife anderer tanzt.

Warum zeigt ihr eurer Umwelt so oft zum Beispiel ein lachendes Gesicht, wenn euch in tiefster Seele nach Heulen zumute ist? Weshalb macht ihr regelmäßig gute Mine zum bösen Spiel in vielen jener Situationen, die man euch unverhohlen präsentiert, obwohl ihr sie nicht wollt und obwohl sie euch mehr als unangenehm sind, euch innerlich vielleicht sogar völlig widerstreben? Warum glaubt ihr nur, ihr müsstet jederzeit zur „Verfügung“ stehen und „funktionieren“, wenn andere es von euch fordern? Weshalb sendet ihr falsche Signale aus an eure Umwelt, indem ihr beispielsweise jene Mimik aufsetzt, die genau das Gegenteil dessen präsentiert, was ihr tatsächlich empfindet, wenn man mit Forderungen oder sonstigen Wünschen an euch herantritt, die ihr nicht erfüllen könnt oder wollt? Muss man unbedingt etwas anderes äußern oder antworten als das, was man eigentlich statt dessen sagen wollte und sich aus einer unsinnigen Angst heraus nicht traute?

Durch dieses unaufrichtige Verhalten eurerseits setzt ihr nichts weiter in Gang als eine unendlich lange Kette von Ereignissen, die ihr dann nicht mehr zu korrigieren, geschweige denn zu bremsen wisst. Bevor euch richtig bewusst wird, was da eigentlich mit euch geschieht, folgen naturgemäß die nächsten Forderungen eurer Mitmenschen, „kleine Gefälligkeiten“, die man möglichst schnell erfüllen sollte, oder die beliebte Redewendung: „Du könntest doch wenigstens mal...“

Auf diese Weise findet ihr euch plötzlich und ungewollt inmitten solcher unangenehmen Umstände, denen ihr euch nicht mehr entziehen könnt. Das heißt, eigentlich könntet ihr es noch immer, aber das erfordert eine gewisse Portion Mut! Und das wiederum fehlt den meisten von euch, weil ihr fürchtet, man könnte sich mit diesem Verhalten vielleicht das Wohlwollen anderer verscherzen und würde noch dazu das Ansehen verlieren. Aber dies ist blanker Unsinn! Wie könnte man euch schon etwas entziehen, das man euch niemals ernsthaft zuteil werden ließ?

Überlegt doch einmal in aller Ruhe, wie viele Stunden, Tage, Wochen oder Monate eures Lebens ihr durch falsch geprägte Verhaltensweisen - durch falsch gesetzte Signale - an andere und durch andere regelrecht verschwendet habt! Was hättet ihr statt dessen mit dieser wertvollen Zeit anfangen können, die viele jener, der ihr diese gewidmet habt, mit einer unvergleichlichen Selbstverständlichkeit für sich beanspruchten? Und was hat es euch letztendlich gebracht? Dank oder gar Anerkennung? Liebe, Zuneigung, einen Orden?

Gebt euch darauf selbst eine Antwort! Aber versucht wenigstens ehrlich zu sein dabei, wenn ihr einige dieser unangenehmen Erfahrungen eurer Vergangenheit Revue passieren lasst. Wohlgemerkt, wir sprechen jetzt von jenen Menschen, die euren Lebensweg nur am Rande kreuzten, oder von jenen, mit denen ihr mehr oder weniger „gezwungenermaßen" Kontakte pflegtet, weil ihr zu feige ward, ihnen zu sagen, was ihr wirklich von ihnen haltet oder was euch missfiel an dem, was sie von euch forderten. Ein klares, deutliches Nein in einer Situation, die euch widerstrebt, brächte sicherlich positive Ergebnisse - für euch selbst, natürlich nicht für jene Egoisten und Energiesauger, die euch umlagerten und regelmäßig schwächten.

Haltet euch zudem vor Augen, dass ihr es ohnehin nicht jedem recht machen könnt und das dass, was ihr solchen Menschen an Zuwendung und Aufmerksamkeit gebt, aus deren Perspektive betrachtet meist noch nicht einmal genug ist. Entwickelt endlich ein besseres Gefühl für Maß und Ziel, indem ihr abwägt, wie das Endergebnis eurer Aktivität aussehen sollte, damit auch eure eigenen Wünsche und Bedürfnisse nicht auf der Strecke bleiben. Denn sie sind sehr wahrscheinlich bisher oft zu kurz gekommen. Glaubt uns, es macht keinen Sinn, wenn man sich dauernd der Überzeugung und den Forderungen der Masse hingibt und dann entsprechend deren Meinung handelt, nur aus einem einzigen Grunde, weil alle anderen es schließlich auch auf diese Art und Weise praktizieren!

Jeder Mensch ist nicht nur ein individuelles Geschöpf, sondern hat auch ganz individuelle Bedürfnisse und Wünsche, die als nicht weniger wichtig anzusehen sind als jene anderer. Jeder von euch hat das Recht, glücklich zu sein, zufrieden und in Harmonie mit Seele, Körper und Geist zu leben! Aber jeder trägt in sich selbst die Verantwortung, diesem Glück auch Einlass zu gewähren in seinem Leben, und sollte auch bereit sein, einiges dafür zu tun, um dieses Glück auch zu bewahren.

Daher ist niemandem ernsthaft damit geholfen, wenn ihr euch für ihn regelrecht aufopfert, zahlreiche Bürden auf euch nehmt, obwohl ihr es eigentlich aus tiefster Seele ablehnt und euch dann durch dieses Fehlverhalten unfrei und geknechtet fühlt. Damit schafft ihr nur Raum für Unzufriedenheit, versteckte Aggressionen, Ängste und Störungen in eurem Geist und Körper - und irgendwann, nach Jahren unfreiwilliger, regelmäßiger „Anwendung" dieser falschen Praktiken, schwindet eure Gesundheit nach und nach gänzlich und schafft Platz für vielerlei ernsthafter Krankheiten, die euch bis ans Ende eures Erdendaseins Schwierigkeiten bereiten werden.

DIE MACHT POTENZIERTER GEDANKEN

Vorsicht im Denken ist empfehlenswert! Das ist mehr als nur ein banaler Hinweis von uns. Es ist nun einmal sehr entscheidend, was man so vor sich hin denkt und mit welcher Intensität man dies tut. Manche mögen durch ihren Beruf bedingt auch eingebunden sein in bestimmte Gedankenrichtungen, Gedankenströme und sollten daher besondere Sorgfalt darauf verwenden, sich diesen bestimmten Energieströmen zu entziehen, ihnen entgegen zu wirken. Dann gibt es jene Menschen, deren gleich gerichtete Grundeinstellung auch in geschäftlicher Hinsicht große Vorteile bringen kann. Und man kann auch zielgerichtetes Denken und Wünschen im Kreise Gleichgesinnter praktizieren; es sehr bewusst „einsetzen".

Sie sind alles andere als belanglos, diese unzähligen Gedanken, die euch zu jeder Zeit des Tages beschäftigen. Eure Gedanken strömen in Wellen, wie Wellen auf der Weite des Ozeans. Verbinden sich diese Gedanken mit denen Gleichgesinnter, verstärken sie sich, während die ungleicher Menschen hingegen Bilder der Disharmonie und Zerstörung in ihrer Zusammenwirkung zeigen. Wir wollen im folgenden einige Beispiele hierfür geben.

KONTAKT ZU- ODER ARBEIT MIT KRANKEN

Wenn eine Gruppe von Menschen über Krankheitserscheinungen spricht, über Todesursachen, Sterbeszenen usw. und wenn sie sich dabei noch dazu hinreißen lassen, ihren morbiden Geschmack auszuleben, so züchten sie einen Gedankenstrom, der sich einem enormen Außenstrom ähnlicher Vorstellungsbilder anschließen wird. Jener Energiestrom wird am Ende unfehlbar Krankheit und Leiden mit sich führen und sich Kraft dieser negativ gerichteten Energie besonders nachhaltig zu realisieren suchen.

Wer nun - weshalb auch immer - sehr viel über Krankheiten spricht und mit Kranken verkehrt und danach noch regelmäßig über sie und ihre Beschwerden nachdenkt, zieht eine Welle dieses Gedankenstromes unweigerlich auf sich selbst. Solche Menschen sind dieser negativen Energiefrequenz Tag für Tag schutzlos ausgeliefert, ohne es zu wissen. Selbst ausgesprochen starke Naturen, Menschen, deren Grundeinstellung eine sehr positive ist, könnten auf Dauer erheblichen Schaden erleiden, wenn sie diesen Energieströmen nicht bewusst entgegen wirken.

So sollten sich gerade jene Menschen, die regelmäßig, etwa beruflich, mit Krankheit und Tod konfrontiert werden, sehr bewusst darauf konzentrieren, diesen Energiestrom durch regelmäßige positive Programmierung ihres Unterbewusstseins von sich weg zu lenken. Regelmäßiges Mentaltraining brächte hier nicht nur enormen Schutz, sondern würde sie noch dazu stärken. Denn gerade Menschen in Heilberufen oder ähnlichen Berufszweigen werden mental sehr oft überstrapaziert und die eigenen Energiereserven bis zum letzten ausgeschöpft. Ratsam wäre in diesen Fällen, ganz gezielt darauf zu achten, dass man vor Beginn der Arbeit für ausreichenden Schutz sorgt.

Geschäftliche Zusammenarbeit mit Gleichgesinnten

Bespricht eine andere Gruppe von Menschen in einem harmonisch verlaufenden Gespräch und in gegenseitiger Harmonie ein geschäftliches Unternehmen, so wird dadurch ein Strom neuer produktiver Einfälle erzeugt und die Ideen der Einzelnen positiv verstärkt, - eine wahrlich gute Voraussetzung, Geschäfte auf- und auszubauen. Aber das funktioniert eben nur dann, wenn diese Menschen nicht von Gedanken und Gefühlen der Missgunst und des Konkurrenzdenkens getragen sind und wenn sie aus tiefster Überzeugung und ehrlichem Streben nach Erfolg zusammengefunden haben. Eine harmonische Runde kann anregend und bereichernd wirken, denn neue brauchbare Ideen werden geboren und wertvolle Gedanken springen aufeinander über wie sprühende Funken der Erkenntnis. So wird dauerhafter Erfolg einer geschäftlichen Partnerschaft davon abhängen, wie ehrlich man miteinander umgeht und wie gut die Grundeinstellung der einzelnen Personen miteinander harmoniert. Deshalb ist es unerlässlich, dass sich immer jene Menschen zu einer Gruppe zusammenschließen, deren Geister auf gleicher Frequenz schwingen. Sie werden sich durch ihre gleich gearteten Energieströme auf den Gipfel des Erfolges zu bewegen und sie werden jene Kunst der positiven Gedankenmanipulation intuitiv beherrschen, weil sie sich durch gegenseitigen Gedankenaustausch zu motivieren wissen.

Stimmungsschwankungen der einzelnen Beteiligten - von der aktiven Positivphase, in die passive Negativphase - werden hier sehr gut von den anderen ausgeglichen. Zudem wird man sehr genau erkennen, wo die besonderen Fähigkeiten und wo auch die jeweiligen Schwächen der einzelnen Partner liegen, und dieses Wissen wird man entsprechend umsetzen können. In solch einer Runde wird es nicht von Bedeutung sein, ob sich nun Männer und Frauen zusammengefunden haben, alte und junge Menschen oder Personen unterschiedlicher Nationalitäten. Sie haben sich intuitiv erkannt und wussten die Gelegenheit zu einer gewinnbringenden Zusammenarbeit wahrzunehmen.

Geschäftspartner im Austausch negativ gerichteter Energieströme

Wenn nun aber Leute mit negativer Grundeinstellung zusammentreffen, die ihrer Natur entsprechend von Missgunst und selbstsüchtigem Konkurrenzdenken geprägt sind und sich über andere entsprechend auslassen, weil sie gar nicht anders können, als jedem ihrer Gespräche etwas Negatives anhaften zu lassen, so werden sie jenen Kanal negativer Energieströme niemals schließen können, der sich ungehindert einen immer gewaltigeren Weg zu dieser Menschengruppe bahnt. Sollten diese Leute sich auch noch zusammengefunden haben, um miteinander Geschäfte zu tätigen, so kann man sich unschwer vorstellen, dass diese geschäftliche Basis den Misserfolg zwangsläufig mit sich ziehen wird. Denn ihrer negativen Grundeinstellung folgend werden sie sich mit jenen Partnern verbinden, die diese Grundeinstellung fördern und in unbeschreiblicher Weise verstärken. Durch regelmäßige Gespräche miteinander wird sich dieser kanalisierte Energiestrom nicht ablenken lassen von diesen Menschen und von dem, was sie zusammen schaffen wollen, und wird auf diese Weise nicht nur das geschäftliche Vorhaben negativ beeinflussen, sondern auch alle daran beteiligen Personen. Sie werden alle Fehler und sämtliche Unvollkommenheiten der anderen Beteiligten absorbieren, denn sie „beschäftigen" sich situationsbedingt überwiegend psychisch miteinander. Diese Menschen mögen es vielleicht sogar faszinierend finden, sich mit Klatsch und negativen Äußerungen über ihr Umfeld auszulassen, aber letztendlich wird sich dieses zweifelhafte Vergnügen sehr nachteilig für sie selbst auswirken.

DER ERSTE SCHRITT RICHTUNG WOHLSTAND

Werft einen Blick auf die Erfolgreichen unter euch - von ihnen könnt ihr in so manchen Dingen etwas lernen! Wir sprechen hier nicht von jenen, denen der Wohlstand bereits in die Wiege gelegt wurde, sondern von den Menschen, die aus eigener Kraft und aus eigenem Antrieb heraus den Weg nach „oben" schafften. Sie haben einige der universellen Gesetze beachtet. Ob sie das nun bewusst taten oder unbewusst, spielt keine entscheidende Rolle. Irgendwann im Verlaufe ihres Lebens vermochten sie jenes Geheimnis zu lüften, welches verantwortlich für ihren künftigen Wohlstand war.

Wir können euch dazu folgendes sagen. Achtet auf ein ansprechendes Äußeres, ohne es zu übertreiben oder einen Kult daraus zu machen! Kleidet euch gepflegt und geschmackvoll, so weit es eure momentanen Mittel erlauben. Wessen Sinne aus einer falschen Sparsamkeit heraus immer nur auf jene Dinge gerichtet ist, welche billig zu erwerben sind, wird ein Gefangener seiner praktizierten Sparsamkeit, seines Geizes und so wird dieser Mensch ihn wohl oder übel auch selbst ausleben müssen!

Wer sich auf eine billige Wohnung konzentriert, auf billige Kleidung, minderwertige Nahrung usw., wird zwangsläufig in den Energiestrom von Entbehrungen und Armut geraten. Eure Pläne und Lebensansichten werden dadurch nicht nur gedrückt, sondern auch auf ein Minimum an Entfaltungsmöglichkeiten reduziert. Wenn ihr dann diese dürftige Atmosphäre lange genug absorbiert, haftet sie euch an und wird von den erfolgreichen Menschen um euch herum intuitiv sehr deutlich wahrgenommen. Sie fühlen, dass euch jene Energie fehlt, die sie trägt und fördert. Sie werden sich schon aus diesem Grunde von euch zurückziehen und mit ihnen schwindet auch jene Energieströmung, die euch fehlt! Diese Erfolgreichen werden keine wahre Sympathie für euch aufkommen lassen und dabei wäre Sympathie des Umfeldes ein wichtiger Faktor, um den Energiestrom der Entbehrung zu unterbinden, der letztendlich nichts anderes mit sich führt als Depression, Furcht, mangelndes Selbstvertrauen und Missgeschicke jeglicher Art. Wer in diesen niederen Energieströmen gefangen ist und sich den Erfolgreichen, den Lebensbejahenden nähern möchte, muss die Richtung seines Geistes, seiner Gedanken ändern, um Zugang zu dieser erfolgreichen Gruppe zu finden.

Wenn eure Lebensumstände euch in ärmliche Verhältnisse verbannt haben (egal wie ihr in diesen Zustand geraten seid), so beginnt unverzüglich damit, euer Unterbewusstsein auf Erfolg zu programmieren! Auf eine sicht- und fühlbare Verbesserung dieser Lebensumstände. Seid ihr momentan gezwungen, in einem alten, schäbigen Haus oder einer wenig ansprechenden Wohnung zu leben, so stellt euch regelmäßig vor, wie ihr bereits in einem komfortablen, schönen Haus lebt. Wenn ihr euch außerstande seht, ein geistiges Bild davon zu erschaffen, so plant euch ein Haus mit Hilfe von Papier und Stift. Betrachtet es euch regelmäßig und freut euch darauf, in solch einem Haus zu leben!

Wenn ihr einer schlecht bezahlten Beschäftigung nachgeht, so denkt regelmäßig und intensiv an eine Arbeit, welche euch Freude bereitet und besser bezahlt wird. Schafft Raum in eurem Geist für bessere Lebensbedingungen, damit euer Unterbewusstsein sie realisieren kann. Stellt euch euren künftigen Arbeitsplatz in sämtlichen Details vor und haltet euch bewusst vor Augen, wie viel Freude euch diese neue Arbeit bereiten wird. Engt euch nicht mit Gedanken ein, die euch „klein“ oder gar „unfähig“ machen, solch einen Arbeitsplatz zur Befriedigung aller auszufüllen!

Wenn ihr euren Urlaub antretet, verreisen wollt und vielleicht nicht ausreichende finanzielle Mittel zur Verfügung habt, um euch ein wenig Luxus zu gönnen, so bedenkt folgendes. Anstatt drei Wochen in einer schäbigen Unterkunft abzusteigen, gönnt euch besser eine Woche oder auch nur einige Tage in einer ansprechenden, besseren, luxuriöseren Umgebung! So setzt ihr Prioritäten für die nächste Zeit eurer Zukunft, denn in einer entsprechenden Umgebung herrscht eine entsprechende Energiefrequenz!

So verhält es sich auch mit Konsumgütern. Anstatt wahllos minderwertige Ware um euch anzuhäufen, achtet auf Qualität und kauft dafür lieber entsprechend weniger. Aber macht euch trotzdem immer wieder deutlich bewusst, dass ihr euch schon bald sehr viel mehr davon leisten könnt, denn sonst schränkt ihr euch mental bereits wieder ein.

Auf diese Weise gewährt ihr euch nach und nach Zugang zu einer weitaus besseren Energieströmung und es wird nur eine Frage der Zeit sein, bis sich dieser Lebensstil bei euch manifestieren kann. Ihr müsst es nur wagen, euren Geist in Richtung Erfolg zu lenken. Das mag anfangs nicht leicht sein, weil man sich erst einmal von seiner Art, die Dinge zu bewerten, und von Handlungsweisen alter Gewohnheiten befreien muss. Aber es wird sich lohnen für euch, wenn ihr diese unguten Gewohnheiten durch gewinnbringendes Denken ersetzt. Wer klein handelt und immer nur klein denkt, dessen Ernte wird sich kaum in astronomischer Höhe bewegen. Um diesen Schritt in Richtung Wohlstand und Erfolg zu wagen bedarf es keinesfalls eines entsprechenden Startkapitals - wie viele von euch bisher vielleicht dachten -, sondern zuerst einmal reicher, großzügiger Gedanken. Macht euch in diesem Zusammenhang auch regelmäßig bewusst: Wer sich stets auf der untersten Stufe der großen Treppe sieht, wird sein Leben lang dort unten verweilen!

EINZELN STARK, GEMEINSAM STÄRKER

Wenn ihr eure Ziele schneller erreichen wollt und wenn ihr bereit seid, euren Erfolg, euren Wohlstand mit anderen zu teilen, wenn ihr auch gute Freunde motivieren wollt zu einem Leben ohne Entbehrungen, so macht euch gemeinsam an die mentale „Arbeit“!

Nutzt dazu die Kraft gemeinsam eingesetzter Energieströme, um diese Ziele und eure Wünsche zur Realisierung zu treiben. Selbst wenn nur zwei oder drei Personen regelmäßig in fröhlicher, harmonischer Stimmung zusammenfinden und während dessen über jene Dinge mit Überzeugung sprechen, welche sie verwirklichen möchten, so wäre das ein sehr guter Anfang, um sich in den Energiestrom des Erfolges einzuklinken.

Es ist aber äußerst wichtig dabei, dass man sich zu dieser Zeit der mentalen Arbeit im Einklang mit den anderen befindet. Denn nur dieser positive Zustand verstärkt die Kraft der Gedanken in jene Richtung, die man einschlagen möchte. Man sollte während der Dauer dieses Treffens möglichst entspannt sein und offen für Schönheit, Weisheit und alle positiven Werte des Lebens. Sprecht über eure Wünsche und Gedanken in einer Art und Weise, als entsprächen sie bereits der Realität. Das erfordert natürlich auch Vertrauen in jene Personen, die an dieser Runde teilhaben, aber das ist ohnehin die Voraussetzung für positive Zusammenarbeit. Bereits nach Ablauf eines Jahres würde man bei regelmäßigen wöchentlichen Treffen erstaunliche Erfolge erzielen!

Von der Wirkung dieser produktiven Gespräche würdet ihr mehr als überrascht sein, denn sie machen sich beinahe in allen Bereichen eures Lebens bemerkbar. Setzt also künftigen Erfolgen, oder anderen eurer Wünsche, niemals einengende Grenzen! Keine Kraft arbeitet subtiler, nachhaltiger als jene gleichmäßig praktizierter Gedankenströme, entstanden aus dem Denken gleichgesinnter Menschen. Diese mentale Energie wird beachtliche Resultate zeitigen, indem sie gewünschte Wirkungen hervorruft und manifestiert.

Weshalb sich der überwiegende Teil der Menschheit im Zustand negativer Energieströme befindet

Um euch die dafür relevanten Zusammenhänge näher erklären zu können müssen wir ein wenig ausholen, denn die Ursache dieser Tatsache betrifft nicht nur eure Existenzebene, sondern auch unsere jenseitige.

Es gibt im Jenseits eine Dimensionsebene der negativen Jenseitigen oder negativen Seelen. Sie gehören der schwarzen Seite des Seins an. Und es gibt die Dimensionsebene der positiven Jenseitigen oder positiven Seelen, die der weißen Seite des Seins angehören. Nun spielt es keine entscheidende Rolle, ob man die negative Seite des Seins als böse bezeichnet und die positive als gute. Ihr solltet selbst entscheiden, wie und ob ihr jene unterschiedlichen Ebenen bewerten wollt. Wir beabsichtigten lediglich euch den gravierenden Unterschied dieser beiden Seelengruppen verständlich darzustellen.

Schon seit vielen Jahrhunderten herrscht ein erheblich gestörtes Gleichgewicht zwischen positiven- und negativen Seelen. Der Kampf zwischen der weißen Seite und den Angehörigen der schwarzen Dimension ist ein Kampf ohne Ende, denn der Zeitbegriff in dieser Ebene des Geistes ist ein anderer als in eurer Dimension. Hier im Jenseits gibt es weder Anfang noch Ende. Positive und negative Seelen führen diesen Kampf schon immer und das wird auch immer so bleiben, denn jede der beiden Seiten kämpft dafür, möglichst viele Seelen für seine eigene Dimension zu gewinnen, um das eigene bestehende Energiefeld zu stärken. Die negative Seite will um jeden Preis die Vorherrschaft gewinnen und die weiße Seite des Seins versucht das nötige Gleichgewicht aufrecht zu erhalten - den herrschenden, universellen Gesetzen folgend!

Die negative Seite des Seins ist nun seit vielen Jahrhunderten in der Überzahl und das macht sich natürlich auch auf eurem Planeten bemerkbar. Weshalb? Nun, Jenseitige, Geister oder Seelen - wie immer ihr uns auch nennen mögt -, welche die Vollkommenheit noch nicht erlangt haben, werden regelmäßig in ein nächstes körperliches Dasein wiedergeboren. Das dient dem Zweck, weitere Erfahrungen zu sammeln, welche der Vervollkommnung der Seele dienen, und deshalb sind Inkarnationen unerlässlich für jedes spirituelle Wesen. Dabei dürfen wir nicht vergessen zu sagen, dass sowohl positive als auch negative Geister die Vervollkommnung ihrer Seele anstreben, denn natürlich gibt es auch eine Vollkommenheit jener Seele, welche der schwarzen Seinsebene angehört. Mit dem Unterschied, dass deren Weg zur Vollkommenheit sich grundsätzlich von jenem Weg unterscheidet, den eine Seele der positiven Seinsebene verfolgen wird.

Negative Seelen dienen dem Fürsten der Finsternis und entsprechend sind deren Zielsetzungen und Ideale. Positive Seelen streben jenes Ziel der Vollkommenheit an, welches sie nach unzähligen Inkarnationen, dem Schöpfer allen Seins nahe bringen wird.

Eine unvollkommene Seele wird sich also nicht auf immer und ewig im Jenseits aufhalten, sondern lediglich eine gewisse Zeit, wobei auch dieser Zeitraum sehr individuell beurteilt wird. In der positiven Seinsebene wird man aber jenen Seelen, die sich erst von ihrer körperlichen Hülle gelöst haben, stets ausreichend Gelegenheit bieten, sich von den Strapazen der körperlichen Existenz zu erholen. Man wird einer solchen Seele diese Ruhephase so lange gewähren, bis sie von sich aus wieder bereit ist, in ein neues körperliches Dasein überzuwechseln. Sie wird die ihr zugeteilte Aufgabe - oder aber auch die von ihr selbst gewählte - möglichst so gut bewältigen wollen, dass sie nach dem nächsten Übertritt ins Jenseits eine weitere, nächst höhere Stufe ihrer Vervollkommnung erreicht. Ob sie sich vor Antritt ihrer nächsten Inkarnation nun für eine sehr schwere Aufgabe entscheidet, die sie zu Lebezeiten zu bewältigen hat - beispielsweise in dem sie sich mit einer schweren Krankheit auseinandersetzt, um daraus wieder neue Erfahrungen zu sammeln, oder aber andere schwere Schicksalsschläge durchlaufen wird, weil ihr das ebenfalls helfen würde, die Seele und den Geist schneller in seiner Entwicklung voranzutreiben, oder ob sie sich stattdessen lieber leichte Aufgaben wählt, was der geistigen und seelischen Entwicklung weniger große Vorteile bringt - ist eine Sache, die von Fall zu Fall individuell entschieden wird. Genauso gut könnte sich diese Seele auch auf einem der unzähligen Planeten des Universums in einer anderen körperlichen Gestalt inkarnieren lassen, weil sie dabei völlig andersgeartete Erfahrungen sammeln würde. Möglichkeiten hierfür gibt es unzählige und viele dieser Möglichkeiten würden sehr befremdend für euch klingen, doch das wollen wir hier außer Acht lassen, denn das würde zu weit führen. Wir wollen uns in diesem Falle ausschließlich auf jene Seelen beschränken, welche sich auf diese Erde - eurem Planeten - inkarnieren lassen und mit verantwortlich sind für das, was bei euch geschieht.

Da nun das gesunde, ausgleichende Verhältnis zwischen Schwarz und Weiß im Universum, in den unterschiedlichen Dimensionen gestört ist und nun jene negativen Seelen in der Überzahl agieren, werden infolge dessen überwiegend negative Seelen auf eurem Planeten wiedergeboren. Dieser bedauernswerte Zustand (natürlich aus unserer Sicht betrachtet, nicht aus jener der schwarzen Seinsebene) hält wie gesagt schon seit Jahrhunderten an und erst in einigen Jahrzehnten wird ein neuer Ausgleich geschaffen werden können, der das Gleichgewicht wieder herstellt. Der bevorstehende Wechsel in das neue Jahrtausend leitet dazu erste Schritte ein, die - von uns - dazu gedacht sind, das gestörte Gleichgewicht wieder in Balance zu bringen.

Universelle Gesetze verlangen nach einem ausgeglichenem Verhältnis zwischen positiven und negativen Seelen. Deshalb sollte keine der beiden Seiten die Überhand gewinnen, denn wenn dieser Zustand eintritt, dann sind gesundes Wachstum und gesunder Fortschritt kaum noch möglich. Einem natürlichem Gesetz folgend wird also weder die weiße Seite des Seins noch die negative Seite auf Dauer in großer Überzahl auf einem Planeten oder im Jenseits herrschen dürfen. Die Einheit des großen Ganzen würde dadurch erheblich gestört und das wirkte sich auf allen Seinsebenen, auf allen Planeten und Sonnensystemen des Universums aus. Im Grunde genommen soll also weder die positive noch die negative Seite des Seins in einer Überzahl bestehen und damit verstärkt auf die Existenz lebender Wesen einwirken.

Natürlich ist es der negativen Seite des Seins bewusst, dass sie dieses herrschende universelle Gesetz missachtet hat, und sie weiß auch darüber Bescheid, dass die Zeit ihrer gewaltsam herbeigeführten Regentschaft durch den bevorstehenden Zeitenwechsel in das neue lichte Jahrtausend nun langsam vorübergeht. Dass es den negativen Seelen nicht gefallen mag diese Monopolstellung aufzugeben, ist aus deren Sicht betrachtet nur verständlich und deshalb verstärken sie ihre negativen Aktivitäten - auch auf eurem Planeten. Sie mobilisieren sozusagen all ihre Energie, werden alles, was in ihren Mächten steht, einsetzen, um das zu verhindern oder den bevorstehenden Wechsel möglichst lange hinaus zu zögern. Und glaubt uns Freunde, deren Mächte sind enorm und haben sehr gewaltigen Einfluss auf den Geist der Menschheit und das Zeitgeschehen. Sensible Naturen unter euch, deren Seelen nicht dieser momentan herrschenden Regentschaft unterliegen, weil sie unserer Ebene entstammen, können diese enormen Disharmonien deutlich fühlen, Tag für Tag.

Was unter dem Einfluss des verstärkten Energiestromes negativer Seelen erreicht wurde, kann man auf eurem Planeten überall sehr deutlich erkennen. Blickt euch doch nur um! Eure Umwelt liegt im argen, ist in ihrer Zerstörung bereits erschreckend weit fortgeschritten und es bedürfte einer sofortigen Korrektur im Verhalten vieler - besonders dem sämtlicher Politiker -, um diese Zerstörung noch rechtzeitig zu stoppen. Doch die einzige, die wirklich ernsthaft dagegen angeht, sich nun verstärkt aufzulehnen beginnt gegen diesen Raubau, der mit der Natur betrieben wird, ist - eure Erde selbst! Sie „dankt" es den Menschen nun auf ihre Weise, auch denjenigen unter euch, die tatenlos zugesehen haben, was man ihr antut. Was glaubt ihr, weshalb sich Naturkatastrophen häufen? Weshalb ihr immer wieder mit neuen Krankheiten, neuen Viren und Bakterien konfrontiert werdet? Kaum glaubt ihr, ihr hättet das Problem im Griff, wird sich ein neues von noch gewaltigerem Ausmaß zeigen! Wenn die Menschheit nichts an ihrem Verhalten ändert und sich weiterhin so ungezügelt vermehrt, dann darf sich keiner darüber wundern, auf welch wirkungsvolle Weise sich euer Planet dagegen zu wehren weiß! Ihr würdet den Gegenmaßnahmen eurer Erde nicht gewachsen sein - das dürft ihr uns glauben!

Dieser Planet, der bedeutend älter ist, als ihr denkt, und bereits von Zivilisationen bewohnt wurde, die ihr noch nicht einmal anhand eurer geschichtlichen Dokumentation kennt, wusste sich schon immer zu wehren, wenn man ihn misshandelte und ausbeutete, wenn es ihm zuviel wurde mit den Menschen, die er beherbergte. Es wäre also nicht das erste Mal seit Bestehen eurer Welt, dass diese sich einer Zivilisation zu entledigen wusste. Eure Erde kann so vieles, wenn sie von euch entsprechend behandelt und geachtet wird! Sie kann euch nähren, euch reich beschenken mit ihren Gaben. Aber sie kann euch das Leben auch zur Hölle machen.

Doch das waren nur einige der negativen Aspekte, die wir euch verdeutlichen wollten. Es gibt noch unzählige andere mehr, die ebenfalls in der Tatsache begründet liegen, dass ihr es mit ungeheuer starken negativen Einflüssen zu tun habt, die das Handeln und Denken vieler lenken. Auf eurer Erde herrschen Kriege, Hungersnöte, Chaos und Vernichtung. Ganz zu schweigen von jenen Krankheiten, gegen die ihr auch in Zukunft nicht viel werdet ausrichten können, denn natürlichen Gesetzen folgend möchte euer Planet nun auch dieser unverantwortlichen Übervölkerung entgegen wirken, die schon bald ein Ausmaß erreichen wird, das für alle bedrohlich wird. Aber wer von euch macht sich darüber schon ernsthafte Gedanken? Vielleicht bleibt euch auch keine Zeit dazu, durch eure vielen Pflichten, die euch beinahe auffressen, und vielleicht ist das ja auch gewollt. Wem nicht viel Zeit bleibt, über solche Dinge nachzudenken, dem bleibt auch keine Zeit, Verantwortlichen unangenehme Fragen zu stellen. Denkt auch darüber nach, denn ihr solltet Manipulation eures Geistes und eures Denkens nicht zulassen.

Die große Masse der Menschheit, auch wenn sie größtenteils der negativen Seite des Seins angehört (obwohl diese Menschen das natürlich erst wieder bewusst wissen, wenn sie in ihrer Dimension des Jenseits zurück sind) sieht einer bedauernswerten Zukunft entgegen. Meist wird der Übertritt in eine neue Ära von Verlusten begleitet, denn es muss erst einmal Raum geschaffen werden. Bevor eine neue Ära beginnen kann, eine bessere Zeitepoche geboren wird, muss erst einmal Raum geschaffen werden, damit sich das Gute entfalten kann. Bis dieser Zustand erreicht wird, herrschen Zerstörung und Aggression, aber auch Zukunftsängste und Perspektivlosigkeit. Aber genau diese Angst vor der Zukunft, die Angst ums finanzielle Überleben, die Energie der Zerstörung, das ist jener Energiestrom, von dem die schwarze Seite des Seins ihre Macht stärkt und die ihr zahlreiche neue Anhänger liefert. Not und Armut fördert die Neigung zu Aggressionen, Gewalttätigkeiten, Missgunst usw. Menschen, ausgestattet mit diesen Eigenschaften, zeigen natürlich auch gerne Bereitschaft zu kriminellen Handlungen, denn moralische Hemmschranken und Mitgefühl für andere schwinden zusehends aus eurer Welt. All diese negativen Eigenschaften und Neigungen der Masse prägen nicht nur euer Zeitgeschehen, den Zeitgeist der Menschheit und dadurch das Leben jedes Einzelnen von euch, sondern auch eure Zukunft.

Der Geist der Masse wurde im Laufe der Jahrhunderte dadurch bereits nachhaltig von diesen negativen Einflüssen und der Grundeinstellung zerstörerischer Elemente geprägt. Seit vielen Jahrzehnten schon bekommt ihr sogar noch negative Botschaften eurer Umwelt dazu, direkt frei Haus geliefert, tagtäglich. Eure Medien sorgen mit präziser Regelmäßigkeit dafür, dass ihr eingebunden werdet in diesen negativen Energiestrom, denn nichts anderes bewirken eure Nachrichtensendungen und Tageszeitungen, welche angefüllt sind mit Berichten über pure Gewalt, Schreckensmeldungen aus aller Welt, Umweltkatastrophen, Mord und Todschlag, Überfälle und Misshandlungen.

Nachdem wir eingangs über die Kraft bestimmter Energieströme gesprochen haben, könnt ihr euch nun ein Bild davon machen, was sie bewirken können, wenn man sie Tag für Tag absorbiert und sich davor nicht zu schützen weiß oder glaubt, das sei nicht nötig.

Verfallt nicht dem Irrglauben, man könne sich gegen eine solche Übermacht negativer Energiequellen nicht effektiv schützen! Ihr könnt das sehr wohl! Ihr besitzt die Kraft eures Geistes und die Macht eurer Gedanken und noch verfügt ihr über die nötige Freiheit, sie entsprechend einzusetzen. Niemand muss sich wehrlos fühlen oder sich gar durch herrschende Umstände zu bestimmten Handlungsweisen manipulieren lassen! Man muss keinesfalls das herrschende, schädigende Gedankengut in sich aufsaugen und es widerstandslos absorbieren. Es liegt bei euch, diesen Gedankenstrom negativer Energie aus eurem Leben zu verbannen. Wir haben euch einige Anregungen präsentiert, die euch dabei von großem Nutzen sein können.

Denkt außerdem daran, was der bevor stehende Wechsel, den die Jahrtausendwende mit sich bringen wird, für viele von euch bedeuten kann. Natürlich werden noch viele Jahre vergehen, bevor diese Wende zum Guten hin fühl- und greifbar wird. Nach all dem, was in den letzten Jahrhunderten an negativer Entwicklung geschehen ist, kann sich dieser Schritt Richtung Besserung leider nur nach und nach manifestieren. Aber ein jeder, der es möchte, könnte diese kleinen Schritte Richtung positiven Wandel mental unterstützen. Euer Glaube an eine bessere Zukunft, eure zielgerichteten Gedanken, werden einen nicht unerheblichen Beitrag dazu leisten. Wir wissen natürlich sehr genau, wie schwer die Zeit für all jene unter euch ist, welche unserer Gesinnung angehören. Ihr seid die eigentlichen Leidtragenden in dieser Zeit, welche geprägt ist von Disharmonie und Gewalt. Solche Menschen leiden sehr unter diesen Lebensbedingungen, weil sie mit ansehen, miterleben müssen, wie ihre Umwelt gewaltsam Stück für Stück zerstört wird. Sie fühlen, dass ihre Natur stirbt, oft sogar in unmittelbarer Umgebung, und oft müssen ihre Versuche, dagegen anzugehen, scheitern. Sie wollen helfen, wenn sie sehen, dass schwache oder kranke Geschöpfe misshandelt werden, aber nicht immer gelingt es ihnen, deren Umstände auf Dauer zu verbessern. Sie schwimmen verzweifelt gegen eine gewaltige Strömung an und müssen leider nur allzu oft erschöpft aufgeben.

Und dennoch können wir euch sagen, gebt nicht auf, versucht es wieder und wieder! Macht weiter mit eurem Streben, die Zerstörung der Umwelt zu stoppen, euch dafür einzusetzen, dass auch andere erwachen und sich für den Erhalt der Natur zu interessieren beginnen. Fahrt fort damit, euch jener Wesen anzunehmen, welche eurer Hilfe und Unterstützung bedürfen, ungeachtet dessen, ob es sich dabei um Menschen oder Tiere handelt. Erinnert euch wieder daran - eure Intuition ist eine wertvolle Hilfe - denn sie wird euch einen Weg finden lassen, wie ihr aus euren Fähigkeiten eine Berufung machen könnt! Arbeitet nicht im Verborgenen, sondern sucht Wege in die Öffentlichkeit, denn damit erzielt ihr bessere Erfolge in eurem Tun. So wird man auf Dauer jene von euch, die für eine bessere Zukunft kämpfen und andere Menschen unermüdlich auf herrschende Missstände aufmerksam machen, nicht mehr so ohne weiteres abschmettern können, indem man sie kurzerhand zum Schweigen bringt oder sie als Spinner abstempelt.

Macht euch bewusst, dass ihr tief in eurem Inneren jenes alte spirituelle Wissen tragt, welches von den Gesetzen des Universums geprägt ist und deshalb zum Erhalt des großen Ganzen dient. Es ist in euch und sollte nur geweckt werden, damit es nicht gänzlich verkümmert und damit ihr dieses Wissen sowie eure Talente und eure Liebe an andere Gleichgesinnte und solche, die es werden möchten, weitergeben könnt.

An dieser Stelle sollten wir euch auch sagen, dass eure Natur- und Tierschützer oder jene, die sich für ihre Mitmenschen in irgendeiner Weise einsetzen, aus unserer Dimension unterstützt werden. Allerdings sind uns hierbei Grenzen auferlegt, denn es ist uns nicht erlaubt, unmittelbar in das Schicksal der Menschen einzugreifen. Wir halten uns an jene gültigen Gesetze des Universums, im Gegensatz zu jenen Seelen der negativen Seinsebene. Doch unsere Hilfestellung wird dazu dienen, denjenigen unter euch, welche es sich in diesem Leben zur Aufgabe machten, etwas gegen die Übermacht der Gegenseite zu unternehmen, einige Türen zu öffnen, die an die Öffentlichkeit führen.

Außerdem solltet ihr noch wissen, dass es zusehends mehr und mehr werden, die endlich aus ihrem Tiefschlaf der Resignation erwachen und aktiv in das Geschehen eingreifen. Auch wachsen gerade in eurer jetzigen Zeit junge Menschen heran, in deren Körper alte, weise Seelen beherbergt sind, welche zu gegebener Zeit in den richtigen Positionen zu finden sein werden, denn nur aus einer entsprechenden Position heraus werden sie wirklich etwas gegen das herrschende Übel auf eurem Planeten unternehmen und bewirken können. Sie werden große Dinge zu vollbringen wissen, in Politik, Wirtschaft, Technologie, Medizin, Umweltschutz und vieles mehr. Wir sind stolz auf all jene, die bereits begriffen haben, worum es in diesem niederträchtigen Spiel geht, und die schon heute einen Weg gefunden haben, dagegen anzugehen. Gemeinsam werden wir auch anderen Mitmenschen diesen Weg zeigen können, der das Dasein vieler wieder lebenswerter und harmonischer werden lässt.

Nun möchten wir noch das herrschende Unleichgewicht inkarnierter Seelen in ungefähren Prozentzahlen ausdrücken, damit ihr eine bessere Vorstellung davon habt, wovon wir sprachen, und leichter erkennen könnt, weshalb der bevorstehende Wechsel nicht mehr lange auf sich warten lassen darf.

Es lebt auf eurer Erde zur Zeit eine erschreckende Minderheit von lediglich ca. 20% inkarnierter Seelen, die der Dimension der positiven Seite des Seins angehören! Dass diese wenigen Menschen unter euch kein leichtes Erdendasein fristen, unter dem bedrückenden, lähmenden Einfluss jener Zeitgenossen, welche Seelen der negativen Seinsebene in sich tragen, müssen wir nicht noch einmal erwähnen.

Da aber diese Wenigen, welche unserer Gesinnung angehören, Seelen in sich tragen, die in einigen ihrer früheren Leben einer bemerkenswerten Hochkultur angehörten, sind sie nicht nur sehr klug und geduldig, sondern tragen in sich auch die nötige Stärke und Entschlossenheit, dieser schwierigen Zeit zu trotzen. Sie mögen vielleicht sogar bereits fühlen, dass sie jener Spezies angehören, welche einen gewissen Beitrag leisten wird, um den Wechsel in das lichte, positive Jahrtausend zu unterstützen. Zwar ist der Höhepunkt ihres Wirkens noch nicht gekommen, aber sie haben bereits eine entsprechende Richtung in ihrem Leben eingeschlagen. Diese künftigen „Wegbereiter“, werden aber ganz sicher schon heute ihre mentalen Kräfte sinnvoll zu nutzen wissen und sie werden sich meist auch schon mit den Lehren vergangener Zeiten beschäftigen, um die darin verborgenen Geheimnisse, welche die Zusammenhänge der Natur oder den eigentlich Sinn allen Seins erklären, wieder zum Leben zu erwecken. So wird der Übertritt in ein lebenswertes neues Jahrtausend seinen Anfang nehmen können und den Wechsel hin zum Guten fortsetzen. Er wird viele von euch entschädigen und beweisen, dass Ausdauer und Geduld sich lohnten.

Andere dieser weisen Seelen hingegen, welche an Lebensjahren schon zu alt sind, um das endgültige Resultat der Zeitenwende mitzuerleben, werden sicherlich in ihrer nächsten Inkarnation Gelegenheit finden, sich in einem nächsten der kommenden lichten Jahrhunderte zu erfreuen, denn dieser positive Zustand wird Jahrhunderte anhalten. Vorausgesetzt allerdings, diese Seelen entscheiden sich in ihrer nächsten Inkarnation dazu, abermals auf diesem Planeten leben zu wollen.

Liebesbeziehungen

Nun wollen wir uns abschließend mit einem weiteren sehr wichtigen Thema befassen: der Partnerschaft zwischen zwei Liebenden. Wir sagen ausdrücklich nicht die Partnerschaft zwischen Mann und Frau, weil wir damit zwangsläufig andere Formen von Partnerschaft diskriminieren würden, und das möchten wir keinesfalls! Jeder Mensch hat das Recht, selbst zu entscheiden, welche Form von Liebe und Sexualität die Richtige für ihn ist. Wir sprechen nun also von Beziehungen, die aus Liebe oder aus einer tiefen Zuneigung heraus geschlossen wurden. Zuvor jedoch eine Anmerkung zur Homosexualität.

Homosexuelle Formen der partnerschaftlichen Beziehung werden sich im Verlaufe der nächsten Jahre und Jahrzehnte häufen und dafür gibt es eine logische Erklärung. Homosexualität entspricht einer der wohldurchdachten Regelungen der Natur, denn diese wird immer einen Weg finden, etwas, das aus dem natürlichen Gleichgewicht geraten ist, wieder ins rechte Lot zu bringen. In diesem Falle ist das die Übervölkerung der Erde. Die immer häufiger auftretenden Paarungen von Gleichgeschlechtlichen sind durchaus nicht verwerflich - wenngleich viele Menschen es so sehen wollen -, denn sie wirken letztendlich der Übervölkerung eurer Erde auf sinnvolle Weise entgegen. Entsprechend sollte man sich diesen Menschen gegenüber verhalten statt ihnen das Leben schwer zu machen, wie viele dies mit ihren Vorurteilen diesen Menschen gegenüber leider noch immer tun.

Doch nun wollen wir uns gezielt jene grundsätzlichen Voraussetzungen für eine wünschenswerte Partnerschaft ansehen und dies ein wenig anders diskutieren, als wir das bei den unterschiedlichen Typen von A bis *D* getan haben.

Das verfeinerte Empfinden in der Natur entspricht allem Weiblichen, die stärkere konstruktive Kraft ordnen wir dem männlichen Prinzip zu - wobei diese beiden gegensätzlichen Prinzipien nicht zwangsläufig dem jeweilig passenden Geschlecht zugeordnet werden müssen. Gerade in der heutigen Zeit scheinen die Grenzen dieser beiden Prinzipien anders zu verlaufen, als das beispielsweise noch zum Anfang dieses Jahrhunderts der Fall war. So sind heute viele Frauen mit einer beachtlichen Portion konstruktiver Kraft ausgestattet und viele der Männer mit jener Sensitivität und Intuition, die man in der Vergangenheit ausschließlich Frauen zuordnete. Doch wer letztendlich über welche Form von Energien verfügt und in welchem Umfang, das ist nicht eigentlich entscheidend. Sehr viel wichtiger ist, dass sich beide Partner auf sinnvolle Weise ergänzen können, denn das allein wird auf Dauer über eine harmonische und bereichernde Partnerschaft entscheiden. So werden jene Personen, welche mit der verfeinerten Intuition ausgestattet sind, klarer und schneller erkennen können, was eine gegebene Situationen beinhaltet und was man aus dieser Situation machen könnte, während jene Personen, welche über die stärkere konstruktive Kraft verfügen, geschickter dabei sind, die Informationen und Betrachtungsweisen der intuitiven Person in die Tat umzusetzen, sie zu verwirklichen. So ist jene Person mit dem „spirituellen

Auge" besser in der Lage, Dinge, Personen oder Situationen zu beurteilen, während die „spirituelle Kraft" des anderen mehr bewirken kann, in der praktischen Umsetzung.

Sensitiv geprägte Menschen werden neue spirituelle Wahrheiten leichter erfassen und umzusetzen wissen und sie erkennen durch ihre ausgeprägte Intuition beinahe mühelos, die logische Abwicklung von Ursache und Wirkung, welche die *eigentliche* Wahrheit beinhaltet. In allen nur denkbaren Stadien seelischer Weiterentwicklung, wird der intuitive, spirituelle Blick dieser Person klarer sein als jener des konstruktiveren Partners. So wird die schaffende Kraft unterstützt und befähigt, all jene Dinge zu verwirklichen, welche der intuitive Partner zuerst erkannt hat. Auf diese Weise werden spezielle Fähigkeiten des männlichen Prinzips in Taten umgesetzt, welche durch den Scharfblick des weiblichen Prinzips erkannt wurden, der im übrigen noch die Fähigkeit besitzt zu beurteilen, wann genau diese Taten des Partners am besten zur Entfaltung kommen könnten. Partner, welche sich auf so sinnvolle Weise zu ergänzen wissen, werden harmonisch Hand in Hand zusammen leben können und vieles auf ihrem gemeinsamen Weg erreichen. So ist der weiblich betonte Geist eine notwendige und unentbehrliche Ergänzung des männlich betonten Denkens.

Allerdings wird diese Tatsache meist nicht bewusst wahrgenommen, weil dies auf einer anderen Ebene des Seins abläuft - in der geistigen, spirituellen Dimension. So gesehen wird auf dieser mentalen Bewusstseinsebene die tiefe, wahre Beziehung nicht nur ausgelebt, sondern auch begriffen. Meist handelt es sich bei einer solchen Partnerschaft um jene, die bereits in früheren Inkarnationen in irgendeiner Weise stattgefunden haben. Nicht ausschließlich in partnerschaftlichen Beziehungen zueinander, aber zumindest in geistigen Wahlverwandtschaften - vielleicht waren diese Menschen in einem ihrer Vorleben, Verwandte, Freunde - zumindest aber gute Bekannte.

Derartige Partnerschaften sind nicht nur auf sexuellen Gleichklang aufgebaut - der in diesem Fall natürlich förderlich und verstärkend wirken mag, aber bekanntlich nicht auf Dauer bindend wirken kann, weil in aller Regel, irgendwann, nach Jahren diese Triebe nicht mehr so stark vorhanden sind -, sondern diese Menschen sind verbunden durch das starke Band des Einklanges von Seele und Geist. Partner dieser Konstellation werden sich auch dann noch innig verbunden fühlen und sich immer noch gegenseitig zu bereichern wissen, wenn die körperliche Attraktivität nachgelassen hat und auch die Sexualität nicht mehr intensiv ausgelebt werden kann. Wichtig für eine von Harmonie getragene Partnerschaft ist das Ergänzen der unterschiedlichen Energieströme beider Menschen, das Ineinanderwirken der unterschiedlichen Kräfte, denn erst das erzeugt die Einheit, das intuitive Verständnis füreinander.

Der sensitive Partner besitzt vielleicht sogar mehr Macht, als er sich das jemals vorstellen könnte, und übt sie unbewusst in dieser Partnerschaft auch ab und an aus, aber ohne seinem Partner damit zu schaden. Seine Intuitionen, seine Fantasien wirken beinahe in allen Bereichen des Alltagslebens mental auf das Leben des Partners ein. Dieser sensiblere Mensch von beiden wird sich seiner Natur entsprechend auch oft mit Tagträumen, Luftschlössern und schönen Gedanken befassen, die um die gemeinsame

Zukunft kreisen - und setzt dadurch enorme mentale Kräfte frei, die, dem natürlichen Gesetz folgend, irgendwann nach Realisierung drängen. Der konstruktive Partner hingegen wird vielleicht sogar manchmal ahnen mögen (je nach dem, wie gut seine Feinfühligkeit entwickelt ist), womit sein Gefährte sich so oft gedanklich beschäftigt, aber nur selten wird er es bewusst registrieren. Richtig betrachtet, könnte dieser Mensch glücklich über die Tatsache sein, dass sein feinsinniger, fantasievoller Partner damit Wege zur Verwirklichung erschließt, von denen letztendlich beide profitieren werden. Es ist nun einmal Fakt, dass wertvolle Ideen, Gedanken oder Träume, auch wenn sie nur erdacht sind und niemals darüber auch nur ein Wort gewechselt wurde, einem natürlichen Gesetz folgend zur Entfaltung drängen. Die Kraft des Partners, der nach dem männlichen Prinzip handelt, wird zu gegebener Zeit seinen Anteil für ein bereicherndes Endergebnis beitragen können. Denn dann ist er wieder an der Reihe, seine Fähigkeiten einzusetzen.

Man darf also auch hier uneingeschränkt sagen „Sympathie ist Kraft", aber erst die wahre Liebe zueinander gleicht einer unerschöpflichen Macht, deren Quelle sich so lange nicht erschöpften wird, wie diese beiden Wesen in Harmonie und Einklang miteinander leben. Dabei spielt es noch nicht einmal eine Rolle, ob sich nun ein alter, überlegener Geist mit einem Geist zusammengetan hat, der noch nicht so hoch entwickelt ist, weil diese Seele noch nicht all zu viele Inkarnationen durchlief. Die „ältere" Seele wird unterstützend einwirken auf jene Seele, welche in ihrer geistigen Entwicklung noch nicht so weit fortgeschritten ist. Und diese jüngere wird es als Bereicherung empfinden, sich diesem weisen Führer anzuschließen, ohne dabei unterdrückt oder in ihrer Individualität eingeschränkt zu werden. Die Hauptsache in einer solchen Verbindung ist, dass diese beiden Menschen einander in Liebe und Harmonie ergänzen.

Wie aber ist es um jene Partnerschaften bestellt, die von Disharmonie, regelmäßigem Zank und Uneinigkeit geprägt sind, deren Ansichten sich so gravierend voneinander unterscheiden, dass sie selbst unter größten Anstrengungen beider, dieses Defizit auszugleichen, nicht auf einen Nenner zu bringen sind? In diesen Beziehungen wird mindestens einer der beiden Partner im Laufe der Zeit seelisch auf der Strecke bleiben! Die beiden Menschen in einer solchen Beziegung versäumten es, am Anfang ihrer Beziehung, einige wichtige Punkte zu beachten, und ließen sich vielleicht von einer starken körperlichen Anziehungskraft und Sexualität blenden, die vorhandene negative Eigenschaften des anderen naturgemäß verstärkt. Diese beiden Menschen stellten das anfangs leider in den Hintergrund, verdrängten es, wollten diese Tatsache nicht wahrhaben, weil man das Glück der Anfangsphase dieser Beziehung durch eine objektive Beurteilung nicht zerstören wollte. Geschickt wurden erste vorhandene Warnsignale übersehen, mit der bekannten Großzügigkeit frisch Verliebter.

Doch gegensätzliche Grundeinstellungen lassen sich auf Dauer nun einmal nicht leugnen und man wird sie auch nicht grundlegend ändern oder gar einander kurzerhand „anpassen" können. Selbst dann nicht, wenn man ernsthaft gewillt ist, dieses Defizit auszugleichen, indem man beginnt, sich selbst anzupassen, oder wenn man glaubt, den anderen schon „irgendwie" auf seine Schiene bringen zu können. Vielleicht mag es für die Dauer von einigen Monaten - oder mit sehr viel Glück für die Dauer einiger Jahre - gelingen, aber Dauererfolge werden sich nur in den seltensten Fällen einstellen.

Welch bedauerlicher Umstand, wenn sich in dieser Zeit Nachwuchs einstellt oder wenn diese beiden Menschen finanzielle Verpflichtungen eingehen, welche sie für lange Zeit aneinander ketten und sie unfrei und unglücklich machen! Dass in einer solchen Partnerschaft nunmehr erst recht kein seelischer oder geistiger positiver Austausch mehr stattfinden kann, ist eine logische Schlussfolgerung. Nach und nach werden diese beiden Menschen nur noch von negativen Gedanken und von dem entsprechenden Gefühlen geprägt sein und sich mehr und mehr an den wenig förderlichen Energiestrom anschließen. Der Geist dieser beiden Menschen - und auch deren Seelen - werden im Laufe der Jahre regelrecht verkümmern und je nach Entwicklungsgrad nach einem geeigneten Weg suchen, sich aus diesem Gefängnis zu befreien. Ein trauriges Schicksal nimmt seinen unvermeidlichen Lauf. Der schwächere Geist, jener Mensch von beiden, welcher das weibliche Prinzip verkörpert, wird unter diesem Umstand mehr zu leiden haben als jener Partner, welcher das männliche Prinzip in dieser Verbindung lebt. Der Sensitive wird - wenn auch unbewusst - Zuflucht in seelische oder körperliche Leiden suchen und wird Krankheiten in einem dieser Bereiche Raum gewähren.

Der konstruktive Part wird diesen Mangel an Gleichklang vielleicht dadurch ausleben, dass er sich aggressiv verhält, oder aber er zeigt gleichgültiges Verhalten gegenüber seinem Partner. Vielleicht schreckt er auch nicht davor zurück, seinen fehlenden Ausgleich außer Haus zu suchen, wenn sich Gelegenheit dazu findet. Denn - auch der konstruktive Partner wird dieses Defizit, das fehlende Verständnis füreinander, deutlich spüren können, wenngleich er es vielleicht nicht in Worte zu fassen weiß. Diese beiden Menschen werden sich immer weniger zu sagen haben und sich nicht mehr gegenseitig motivieren oder stärken können und dadurch, dass sie einander nicht mehr mit positiven Gedanken begegnen, werden sie diesem Teufelskreis hilflos ausgeliefert sein. Nur sehr selten wird es Partnern dieser Konstellation gelingen, einen neuen gemeinsamen Weg zu finden, denn über einen langen Zeitraum herrschende Disharmonie zerstört Gefühle der Zuneigung nachhaltig.

Eine Trennung wäre für beide in diesem Falle die richtige Entscheidung. Solch eine Partnerschaft aufrecht zu erhalten wegen gemeinsamer Kinder oder bindenden finanziellen Verpflichtungen ist absolut nicht die richtige Lösung. Erst recht dann nicht, wenn man sich nur einmal deutlich bewusst macht, was mit den Seelen dieser Kinder während all der Jahre geschieht, in denen sie in dieser disharmonischen Atmosphäre heranzuwachsen gezwungen sind, ohne sich dagegen zur Wehr setzen zu können. Zieht man das bewusst in Erwägung, so sollte die richtige Entscheidung eigentlich nicht schwer fallen. Denn sonst ist man dafür verantwortlich, dass diese jungen Menschen von jenem negativen Energiestrom geprägt werden, dem man sich schon als ausgereifter Mensch nur schwer entziehen kann, wenn man einmal in seinen Sog geraten ist. Setzt man Kinder diesen negativen Einflüssen aus, so werden sie später als

Erwachsene meist die Fehler ihrer Eltern wiederholen, im guten Glauben, wie sie meinen, denn woher sollten sie auch wissen, dass dieses Verhalten, welches man ihnen all die Jahre vorlebte, so ganz und gar nicht der Natur des Menschen entspricht?! Sie werden niemals erfahren haben, dass jeder niedere, rohe Gedanke oder jedes negative Wort eine Schädigung an Körper und Geist bedeutet, dass diese Gedanken und Worte auf Dauer alle Beteiligten schädigen kann, die dieser negativen Energie ausgesetzt sind. Sie werden sich vielleicht nur ab und an darüber wundern, dass es ihnen so wenig gelingen mag und weshalb sie sich laufend in Situationen wiederfinden, welche ihnen das Leben so erschweren. Sie sind meist nicht in der Lage, aus jener positiven Energiequelle zu schöpfen, welcher sich andere Menschen zu bedienen wissen, weil man ihnen den Zugang zu dieser Quelle der Kraft nie bewusst gemacht hat. Sie wissen nichts von dieser unendlichen Macht der Gedankenströme und werden sie deshalb auch nicht für sich - geschweige denn für andere - einsetzen können.

Tief in ihrem Inneren werden sie vielleicht - wenn sie zu den sensiblen Naturen gehören - eine leise, kaum wahrnehmbare Stimme hören, welche versucht, sie auf den rechten Weg zu führen. Doch ob sie sich diese Stimme auch bewusst zu machen wissen? Das lässt sich doch stark bezweifeln. Sie werden sich nach einer harmonischen Partnerschaft sehnen und vielleicht auch wirklich alles versuchen, um den passenden Partner zu finden, aber die Chancen hierfür sind mehr als gering. Zuerst einmal müssten sie lernen, sich ihre spirituelle Seite bewusst zu machen, sie bewusst zu erleben. Das wäre ein erster guter Schritt für diese Menschen, die geprägt sind vom negativen Gedankenstrom ihrer Eltern. Dann - wenn sie gelernt haben, auf die Stimme ihrer Intuition zu hören - sollten sie damit beginnen, positive Gedanken zu trainieren, damit sich diese Gedanken in ihrem Leben realisieren können. Sie werden Positivgedanken tatsächlich intensiver trainieren müssen als andere, welche nicht so stark durch negativen Erfahrungen vorbelastet sind, die von Vater und Mutter vorgelebt wurden.

Wenn sie dann begriffen haben, wie stark die Kraft der Gedanken zu wirken vermag, werden sie durch Einsatz dieses Wissens auch den für sie geeigneten Partner ins Leben ziehen können, denn der wartet irgendwo dort draußen in der Masse von Menschen und wird die Gelegenheit „wahrnehmen", wenn sich sein Pendant gedanklich damit beschäftigt. Gute Gedanken ziehen gute Gedanken nach sich. Der intensive Wunsch nach dem richtigen Partner wird den Kanal öffnen, auf dem die Gedanken genau dieses Partners schwingen.

So wie ihr eure Intuition oder Sensitivität steigert, sie wachsen lasst in eurem Inneren, wird sie alles von euch abzuhalten wissen, was euch schadet, egal, ob ihr es bewusst bemerkt oder unbewusst erlebt, und sie wird euch zukommen lassen, was ihr zum Glücklichsein benötigt. Eure ausgesandten Sympathien oder Antipathien wirken durch alle geistigen Ebenen und Dimensionen hindurch und führen euch jeweils entsprechende Personen zu. Setzt dieses Wissen also mit Bedacht ein! Konkretisiert eure Wünsche, denn dann wird die Kraft eurer Intuition schädliche Menschen, unschöne Situationen und negative Gedankenströme reflexartig abstoßen!

So, wie der Glaube in euch heranwächst, das Vertrauen in eure eigene, positive Gedankenkraft, so werdet ihr nicht nur mit materiellen Dingen überschüttet, sondern auch mit Menschen, die euer Leben in sinnvoller Weise ergänzen und verbesserte Lebenssituationen schaffen. So war letztendlich wieder einmal die Kraft eurer Gedanken behilflich, euer Dasein weitgehend nach euren Wünschen zu gestalten, und sie brachte euch noch dazu die Liebe in euer Leben, das sicherlich wertvollste aller Geschenke.

Die persönliche Philosophie eines Schutzgeistes zum Thema Glück

:Arthur war in seinem letzten Erdendasein Franziskaner-Mönch und begleitet heute - als Schutzgeist - meinen Mann durchs Leben. Arthur ist mehr als nur ein jenseitiger Helfer, der seine Aufgabe mit Sorgfalt erfüllt. Er ist ein wichtiger und sehr guter Freund - für uns beide.

„Nun, meine Freunde,

Glücklichsein bedeutet für jeden Menschen etwas anderes. Während der eine sein Glück im Reichtum finden mag, kann der andere seines in der Armut finden - in der Entbehrung. Gleiches kann auch das Glück in einer Partnerschaft bedeuten - oder das Glück in der selbst gewählten Einsamkeit. Jeder unter euch ist ein vollkommen eigenständiges, in sich abgeschlossenes Wesen, das für sich selbst erkennen muss, worin für ihn speziell das eigentliche Glück besteht.

Jeder von euch kann es auf seine Weise erfahren: Glück, Zufriedenheit, Liebe, Wohlstand, Erfolg oder was auch immer. Es liegt an euch selbst, wie ihr den Weg dahin zu diesem persönlichen Glück zu finden gedenkt. Ein Mensch, der nur bis zu einem gewissen Punkt des Horizontes blicken möchte, wird niemals wirklich erkennen können, was sich in seiner nächsten Umgebung abspielt. Er wird blind sein für die kleinen und großen Hilfen, die ihm zuteil werden können, und er wird auch die unzähligen kleinen und großen Freuden, die ihn auf seiner Reise durchs Leben erwarten, nicht sehen können, weil sein eingeschränkter Blick nur für diesen einen Punkt ausreicht, der ihm womöglich als die einzig erreichbare Alternative in seinem Leben erscheint. Er wird dadurch sein ganzes Leben auf diesen Punkt ausrichten und womöglich in Unzufriedenheit und Selbstmitleid versinken.

Es mag schon sein - oder sagen wir besser - es gibt Menschen, die so etwas durchaus als eine Form des Glücklichseins, der Zufriedenheit betrachten, weil sie in der von ihnen gewählten Rolle durchaus auch eine von außen kommende Unterstützung erfahren. Es ist allerdings meist eine Unterstützung, die aus Mitleid und aus Nächstenliebe geboren ist. Die aber letztendlich mehr Schaden als Nutzen verursacht. Es nutzt absolut nichts, solch einem Menschen alles hinterher zu tragen und ihn dadurch in seiner falschen Haltung zu bestätigen. Diese vermeintliche Hilfe wird ihn nur noch weniger auf seine Umgebung aufmerksam machen und die Möglichkeiten für ein wirklich glückliches und zufriedenes Leben zu ergreifen werden schwinden in seiner üblichen Passivität.

Es sollte sich jeder Mensch die Zeit nehmen - egal ob reich oder arm, glücklich oder nicht -, in sich hinein zu hören und zu fühlen, ob es wirklich nichts gibt, was er an sich und seinem Verhalten noch ändern könnte. Oder aber was er noch tun könnte, um eine vollkommene innere Zufriedenheit zu erlangen. Es gibt für so etwas leider keine Patentlösung, denn, wie schon gesagt, jeder Mensch ist ein Unikat und wird dadurch auch nur eine für ihn selbst passende Möglichkeit zur Veränderung in sich tragen. Es kann nur zum kleinsten Teil der Anstoß von außen kommen, der eine Nachdenklichkeit bewirkt. Alles, was danach geschieht, ist individuell auf den Einzelnen ausgerichtet und muss auch von ihm selbst in Angriff genommen werden.

Was dabei aber das Wichtigste ist, um überhaupt eine Veränderung zu erzielen, ist die Konsequenz, es auch durchzuführen! Es ist vollkommen nutzlos, sich etwas auszudenken, sich etwas gedanklich vorzustellen, wenn es an der Konsequenz der Umsetzung fehlt. Jeder unter euch hat in sich die Stärke und auch die Macht, sein Leben zu verändern, es zu meistern. Die wenigsten aber haben den nötigen Mut, sich ihre eigenen Schwächen einzugestehen, geschweige denn sie auch noch abzustellen. Wenn ihr also zu der Überzeugung gelangt seid, etwas tun zu müssen, dann tut es auch! Schiebt es nicht vor euch her, damit es sich womöglich von alleine erledigt.

Hierin ist die wahre Macht des Glücks zu finden. Es ist das Gefühl, über den eigenen Schatten gesprungen zu sein und etwas vollbracht zu haben. Wobei es keine entscheidende Rolle spielt, wie groß, oder wie klein dieser Schritt nun war, denn auch das ist für jeden unter euch anders zu bemessen. Wichtig aber ist, nicht nach dem ersten Schritt auf das neue Ziel zu wieder in Lethargie zu verfallen, sondern zu versuchen, den nächsten Schritt hinterher zu setzen. So wie ein Kind, das Laufen lernt, die ersten Male ins Stolpern gerät, so werden auch viele unter euch stolpern, aber das Laufen, das hat noch ein jeder von euch bisher gelernt. Seid aktiv in eurem Leben und verlasst euch in erster Linie auf das, was in euch verborgen liegt! Ihr müsst es nur aus euch heraus holen, es an die Oberfläche eures Bewusstseins lassen - und das ist etwas, das wirklich jeder lernen kann, auch wenn er sich vielleicht noch so hilflos fühlen mag. Der erste Schritt Richtung Erfolg wird wie eine Droge sein, nur dass er nicht abhängig macht und doch die Möglichkeit in sich trägt, den nächsten Erfolg anzusteuern. Ihr alle seid in der Lage, euer Leben selbst zu verändern, es selbst zu meistern, und das zu erkennen ist nicht einmal so schwer. Das Programm dazu trägt ein jeder von euch in sich, ihr müsst euch nur die Zeit nehmen, es zu finden, es zu aktivieren!

Es ist niemand auf dieser Welt dazu ausersehen, wirklich unglücklich zu sein - schon gar nicht auf Dauer. Es sind nur die falschen Gedanken in euch und die daraus resultierenden falschen Taten, oder schlimmer noch die Lethargie, die vielen unter euch das Glücklichsein so schwer und unerreichbar macht.

Alle diese Worte lassen sich auf jedem Bereich eures Lebens anwenden, wann und wo immer ihr wollt, könnt ihr etwas zum Besseren verändern. Versucht es nur!“

Küchenmagie
Das Schutzgeister-Traumbuch
Addressing Power
von Stephen Mace
A Lion's Teeth
Löwenzähne
George Spencer-Brown
Bohmeier Verlag
LAWS OF FORM
GEORGE SPENCER-BROWN
GESETZE DER FORM
BOHMEIER VERLAG
Frank Lerch
Nightworks
Die schwarze Magie des Erschaffens
It's magick-time ...damit Sie erleben, worüber Sie sonst nur lesen!
Kostenlosen Katalog anfordern!
Joh. Bohmeier Verlag
Hüxtertorallee 37
D-23564 Lübeck
Tel. 0451-74993
Fax 0451-74996
Oder im Internet:
http;\\www.magick-pur.de
CHAOS & SORCERY
N. Hall
Bohmeier Verlag
Zaster-Blaster
Das neue Jahrtausend -
Die große Wende
Bohmeier Verlag
Geheime Invasion - Die Masken der Fremden
Der Clan
der Chaossterne
DIE RAUSCHDROGEN
DER HEXEN
Sigillum²
Potenzierte Sigillenmagie